민병갈, 파란 눈의 나무 할아버지

역사를 바꾼 인물들 6

민병갈, 파란 눈의 나무 할아버지

초판 1쇄 2015년 4월 30일 | **초판 3쇄** 2024년 11월 30일
지은이 정영애
그린이 이수아
펴낸이 신형건
펴낸곳 (주)푸른책들 · **임프린트** 보물창고
등록 제321-2008-00155호
주소 서울특별시 서초구 양재천로7길 16 푸르니빌딩 (우)06754
전화 02-581-0334~5 | **팩스** 02-582-0648
이메일 prooni@prooni.com | **홈페이지** www.prooni.com
인스타그램 @proonibook | **블로그** blog.naver.com/proonibook

ⓒ 정영애, (주)푸른책들, 2015

ISBN 978-89-6170-485-4 74990

＊잘못된 책은 구입한 곳에서 바꾸어 드립니다.
＊이 책 내용의 일부 또는 전부를 재사용하려면 반드시 저작권자와
(주)푸른책들 양측의 서면 동의를 얻어야 합니다.

보물창고는 (주)푸른책들의 유아, 어린이, 청소년 도서 임프린트입니다.

(주)푸른책들은 도서 판매 수익금의 일부를 초록우산 어린이재단에 기부하여 어린이들을 위한 사랑 나눔에 동참합니다.

민병갈,
파란 눈의 나무 할아버지

정영애 글 | 이수아 그림

보물창고

■ 글쓴이의 말

아름다운 수목원을 우리에게 선물한
파란 눈의 할아버지

　4년 전 여름, 천리포 수목원 관람은 우연히 이루어졌다. 그날 나는 친구들과 꽃지 해수욕장으로 가던 길이었는데, 친구 중 한 명이 천리포 수목원에 들렀다 가는 게 어떠냐는 제안을 했다. 친구들은 이미 '천리포 수목원'에 대해 알고 있었다. 나만 처음 듣는 수목원이었다.
　수목원 입구에 들어서는 순간, 나는 한눈에 반하고 말았다. 사람의 손길이 전혀 가지 않은 듯한 자연 그대로의 수목원이라니. '세계의 아름다운 수목원'이라는 말에 수긍이 갔다. 게다가 미국 호랑가시학회가 선정한 '호랑가시 수목원'이란다.
　해풍으로 심하게 한쪽을 다친 나무가 보란 듯이 꼿꼿하게 서 있고, 목련꽃은 왜 그리 많으며, 호랑가시나무 또한 종류가 얼마나 다양한지. 낭새 섬에 얽힌 이야기도 재미났고 띄엄띄엄 서 있는 한옥도 내 시선을 사로잡았다.

마지막으로 들른 버섯 모양의 하얀 지붕, 민병갈 기념관. 기념관을 둘러본 나는 외국인이었지만 한국인으로 살았던 민병갈 원장님께 내 마음을 몽땅 빼앗기고 말았다. 기념관 텔레비전 앞에 앉아 몇 번이고 반복해서 민병갈 원장님의 생애와 천리포 수목원을 동영상으로 감상했다. 넋을 잃고 앉아 있는 내게 친구들이 이제 그만 가자며, 내 손을 잡아 끌었다.

서울로 돌아온 후에도 내 머릿속은 온통 민병갈 원장님과 천리포 수목원뿐이었다. 오죽하면 친구에게 "나는 요즘 한 남자에게 반해 버리고 말았어! 누군지 알아? 천리포 수목원의 민병갈 원장님!" 하고 말할 정도였다.

나는 천리포 수목원의 최수진 팀장에게 전화를 걸어 민병갈 원장님의 전기를 쓰고 싶다고 말했다. 천리포 수목원 측에서도 흔쾌히 허락해 주었다. 천리포 수목원에서 제공해 준 여러 자료 중에서도, 『나무야, 미안해』(해누리, 2012)가 작품을 쓰는 데 가장 큰 도움이 되었다. 또한 그동안 방송에 소개된 민병갈 원장님의 지독한 나무 사랑과 한국 사랑 이야기와 신문에 쓴 칼럼 등도 꼼꼼히 읽으며 메모했다. 만약 민병갈 원장님이 살아 계셨다면 인터뷰를 했을 텐데……. 아쉬움이 너무나 컸다.

　글이 잘 써지지 않으면 천리포 수목원으로 차를 몰았다. 모두 다섯 번을 찾아갔는데, 그때마다 민병갈 원장님이 반겨 맞아 주시는 듯했다.

　여러 어려움을 겪고 작품이 완성되었다. 내 작품의 출판을 흔쾌히 응해 준 〈푸른책들〉 신형건 사장님께 감사드린다. 또한 더욱 감사드리고 싶은 분은 『나무야, 미안해』의 글쓴이, 임준수 선생님이시다. 그 책이 아니었으면 민병갈 원장님의 일화를 내가 어찌 속속들이 알고 글로 쓸 수 있었겠는가! 이 작품의 줄거리는 『나무야, 미안해』를 쓰신 임준수 선생님의 양해를 받아 썼음을 밝힌다.

　많은 어린이들이 이 책을 읽고 민병갈 원장님의 나무 사랑을 본받았으면 한다. 아울러 사라져 가는 우리의 한옥과 한복, 망가져 가는 우리의 산천을 사랑하고 보존하겠다는 결심도 가져 주었으면 하는 게 나의 간절한 바람이다.

-2015년 이른 봄에 정영애

차례

1. 닭을 싫어하는 아이 • 9
2. 코리아의 손짓 • 17
3. 한국 은행원이 되어 다시 한국으로 • 27
4. 관광 안내원이 되다 • 38
5. 천리포를 만나다 • 49
6. 나무들의 천국 • 65
7. 밀러의 나무 • 79
8. 파란 눈의 한국인, 민병갈 • 90
9. 굿모닝 맘! • 96
10. 노크도 없이 찾아온 손님 • 107

글쓴이의 말 • 4
역사인물 돋보기 • 121

1. 닭을 싫어하는 아이

꼬꼬댁 꼬꼬꼬꼬!

밀러는 닭들의 비명에 눈을 떴다. 닭장에서 고모를 피해 달아나는 불쌍한 닭들의 모습이 눈앞에 떠올랐다. 밀러는 이불을 머리끝까지 끌어 올렸다.

'아버지가 살아 계셨으면…….'

아버지가 계셨어도 생활비를 벌기 위해 닭을 기르고 닭고기를 팔았을까? 일찍 세상을 떠난 아버지가 원망스러웠다. 아니, 전쟁이 원망스러웠다.

밀러의 아버지는 유럽 전쟁에 참가한 군인이었다. 전쟁이 끝나고 미국 펜실베이니아 주의 작은 도시 피츠톤으로 돌아온 아버지는 자동차 정비업에 종사하다가 밀러의 어머니를 만나 결혼했다.

어머니 에드나는 대학에서 수학과 라틴어를 전공했다. 책임감이 강하고 공부를 잘해서 선생님들의 칭찬을 받으며 학교생활을 했다.

밀러는 장남으로 태어났다. 아래로 여동생과 남동생이 있었다. 밀러네 다섯 식구는 부자는 아니었지만 오순도순 정답게 살았다. 하지만 아버지는 전쟁 중에 몸을 다쳐 늘 아팠다. 그러다가 밀러가 열다섯 살 되던 해에 그만 세상을 떠나고 말았다.

어머니가 가장이 되었다. 어머니 혼자 돈을 벌어 할아버지, 할머니, 고모 그리고 삼 남매를 먹이고, 입히고, 학교에 보내야 했다. 남편을 잃은 슬픔도 잠시였다. 어머니는 무슨 일이든지 닥치는 대로 하지 않으면 안 되었다. 음식을 만들어 회사에 납품하고, 중증 장애인을 돌보고, 틈틈이 남의 집 청소와 빨래를 해 주며 악착같이 돈을 벌었다.

고모도 돈을 벌었다. 고모는 채소와 닭을 길러 시장에

내다 팔았다. 밀러와 그의 동생들은 고모를 도왔다. 하지만 가계에 큰 도움은 되지 못했다. 할아버지와 할머니도 있었지만 나이가 많아 힘든 일을 하지 못했다.

허드렛일로 돈을 벌던 어머니는 안정적인 직장을 얻기 위해 공무원 시험에 도전하기로 결심했다. 어머니는 고된 일을 하면서 틈틈이 시험을 준비하여 당당히 합격했다. 그러나 문제가 생겼다. 어머니가 발령받은 곳은 워싱턴에 있는 행정부였다. 그런데 가족을 데리고 워싱턴으로 이사할 형편이 되지 못했다. 워싱턴은 도시라 생활비가 많이 들었다. 할 수 없이 어머니는 가족을 피츠톤에 두고 혼자 워싱턴으로 떠났다. 어머니가 봉급을 타서 다달이 가족에게 보냈지만 생활은 늘 어려웠다.

밀러는 닭한테 모이를 주고 닭장을 청소하는 일을 맡았다. 이 일은 할 만했다. 그러나 닭을 죽여 닭고기로 만드는 일은 너무나 괴로웠다. 고모 손에 잡힌 닭이 살려 달라는 듯 소리칠 때면 저절로 눈물이 났다.

언제부터인지는 모르지만 밀러는 닭이 싫어졌다. 그래

서 닭고기 요리는 절대 먹지 않았다.

어머니는 가난할수록 공부를 해야 한다고 늘 말했다.

"공부를 잘하면 너한테 많은 기회가 찾아와. 공부하기 위해 애쓴 보람은 언젠가 보상을 받게 되어 있단다."

밀러는 어머니 말을 귀담아듣고 열심히 노력했다. 중학교와 고등학교를 우수한 성적으로 졸업한 밀러는 어머니가 다닌 바크넬 대학교에 입학하여 화학을 공부했다.

그때까지도 밀러네 집은 가난했다. 하지만 밀러에게 학비 걱정은 없었다. 장학금을 받았기 때문이다. 어머니는 밀러의 용돈 걱정도 하지 않았다. 밀러는 교회에서 오르간 반주를 해 주고 스스로 용돈을 벌어 썼다. 성실하고 착해서 초등학교 입학부터 대학 졸업 때까지 누구와도 다투지 않았던 밀러였지만, 모험심과 호기심만은 남달랐다.

밀러는 대학을 졸업하기도 전에 미국 코닥 회사에 취직이 되었다. 어머니가 제일 기뻐했다. 하지만 정작 그는 그 회사에 다닐 마음이 없었다. 밀러가 어머니에게 솔직한 자신의 생각을 말했다.

"어머니, 저 그 회사 안 갈 겁니다. 저는 해군정보학교에서 공부하고 싶어요."

어머니가 기절할 듯이 놀랐다.

"밀러야, 지금은 전쟁 중이야. 코닥 회사에 들어가면 군대에 안 가도 된다는데 얼마나 좋니? 남들은 그 회사에 못 들어가서 야단인데……."

그 당시 미국은 일본과 태평양 전쟁을 하고 있었다. 그래서 많은 젊은이들이 군인이 되어 전쟁터에 나갔다.

"어머니, 저는 군대에 가고 싶어요. 전쟁에 참가해서 모험을 즐기고 싶어요."

"아들아, 전쟁은 목숨을 걸고 싸우는 곳이지 모험을 하는 곳이 아니란 걸 너도 잘 알고 있잖아. 그러면서 그런 말을 해?"

어머니는 기가 막혔다. 하지만 고집이 센 밀러를 끝내 당해 내지 못했다.

밀러는 미 해군 동양어학교에 입학했다. 이 학교는 동양어를 가르쳤는데 특히 일본어를 집중적으로 가르쳤다. 일본과 전쟁 중인 미국은 일본과 싸워 이겨야만 했다. 적을 이기려면 적을 알아야만 한다. 적을 알기 위해선 그들의 말을 아는 것이 첫째다.

입학식부터 학교 분위기는 엄숙했다. 베른 교장이 힘주어 말했다.

"여러분, 오늘부터 여러분은 '나는 미국인이 아니고 일본인이다.' 하는 생각으로 기숙사 생활을 해야 합니다."

해군정보학교에 다니는 학생들은 정말 일본인처럼 생활했다. 일본어로 말하고, 일본 음식을 먹고, 일본 전투기를 공부하며, 일본과 그 주위에 있는 여러 나라들에 대해 배웠다.

어느 날 식사 시간이었다. 밀러는 우연히 베른 교장과 마주 앉아 식사를 하게 되었다. 밀러는 특별 요리가 나온다고 해서 은근히 기대를 하고 있었다. 그런데 특별 요리는 밀러가 제일 싫어하는 닭고기였다. 밀러가 얼굴을 찡그리며 포크를 내려놓았다. 앞에 앉은 베른 교장도 슬그머니 포크를 내려놓으며 어깨를 으쓱했다.

"밀러 자네도 닭고기를 싫어하는군."

"예. 그렇습니다, 교장 선생님!"

"나도 그렇다네!"

두 사람이 마주 보고 웃었다. 이 일을 계기로 두 사람은 가까운 사이가 되었다.

하루는 베른 교장이 이야기 끝에 몇 장의 사진을 보여 주었다. 밀러는 호기심이 발동했다.

"이, 이게 뭐하는 겁니까?"

"얼음판에서 팽이 치는 모습이야!"

"오, 이것이 팽이라는 겁니까?"

"맞아. 나무를 깎아 만들었어. 이건 팽이채고. 팽이채로 치면 팽이가 팽팽 돌아가지."

"일본 아이들이 가지고 노는 겁니까?"

"아니, 한국 아이들이라네."

베른 교장은 한국에서 선교 활동을 하다 미국으로 돌아간 가톨릭 신부였다.

"이건 한국인이 사는 초가집, 이건 기와집······. 이 건물은 궁궐인데 경복궁이라고 하지. 이 나무 좀 보게."

소나무 한 그루가 늠름하게 서 있는 사진이었다. 등이 굽은 소나무 잎들은 겨울인데도 유난히 파랬다. 멋진 풍경이었다. 임금이 살았다는 궁궐은 아담한 뒷산과 잘 어

울렸고, 초가집은 지붕 선이 부드러워 따뜻한 느낌이 들었다. 밀러는 사진에서 눈을 떼지 못했다.

베른 교장이 혼잣말을 했다.

"코리아는 무척 매력적인 나라였어!"

베른 교장의 말이 밀러의 가슴에 날아와 꽂혔다. 밀러는 일본어 교육을 받는 이 년 동안 줄곧 한국을 생각했다.

2. 코리아의 손짓

 1945년 4월, 밀러는 일본 오키나와에 도착했다. 오키나와는 일본 규슈 남쪽에 위치한 곳으로, 미군이 점령한 섬이었다.

 오키나와는 아름다웠다. 예쁜 산호초, 새하얀 모래, 짙푸른 바다가 전쟁을 잊게 했다. 이곳에서 밀러는 포로수용소에서 포로들을 심문하는 일을 맡았다.

 일본 군인은 예상했던 것보다 훨씬 독했다. 정보를 얻기 위해 질문을 하면 코웃음을 치거나 입을 앙다물고 대답하지 않았다. 어떤 군인은 밀러한테 침을 뱉기도 했다.

 어느 날, 일본 군인을 심문하는 곳에 일본인 같지 않은 사람들이 있었다. 밀러가 고개를 갸우뚱하자 그들은 "저희는 한국인입니다!" 하고 말했다.

'한국? 베른 교장 선생님이 말씀하신 그 나라? 코리아!'
밀러는 너무나 반가웠다.

그동안 얼마나 고생을 했는지, 하나같이 바짝 마른 한국 포로들은 조금 어리석은 듯 보여도 착하고 순했다. 그들은 일본 군인들처럼 밀러의 질문에 요리조리 피하지 않고 성의껏 답했다.

한국인 포로 중에는 여자도 서른 명 정도 있었는데 모두 나이 어린 소녀들이었다. 위안부로 끌려갔다가 포로가 된 소녀들은 밀러가 질문을 하면 겁먹은 얼굴로 눈물부터 흘렸다. 소녀들이 일본 말을 못해서 심문하기 어려웠지만 다들 고향으로 몹시 돌아가고 싶어 하는 눈치였다. 안쓰럽고 불쌍했다.

밀러는 한국 포로들한테 조금이라도 도움을 주고 싶었다. 그래서 한국 포로들을 눈여겨봤더니, 일본 포로들보다 더 힘든 일을 하고 있었다. 다른 장교와의 상의 끝에 밀러는 한국 포로들에게 일본 포로들을 감시하는 일을 맡기기로 했다.

한국 포로들은 맡은 일에 최선을 다했다. 일본 포로들을 미국 군인보다 더 철저히 감시했다. 밀러는 책임감 강하고 부지런하며 영리한 한국인들에게 더욱 정이 갔다.

밀러는 정보 장교였다. 정보 장교는 많은 정보를 가지고 있기 때문에 앞으로 전쟁이 어떻게 될지 예상할 수 있었다.

'머지않아 일본이 항복할 거야. 그렇게 되면 우리 미군이 한국에 가게 되겠지!'

가슴이 뛰었다. 밀러는 어떻게 해서든 한국에 가고 싶었다.

밀러의 예상이 맞았다. 1945년 8월 15일, 일본은 무조건 항복을 했다. 하지만 일본을 믿을 수 없었다. 일본군이 여전히 한국에 주둔하고 있었기 때문이다. 미국과 소련은 한반도를 북위 38도선으로 나누어 남쪽은 미군이, 북쪽은 소련 군대가 들어가 일본에게 확실한 항복을 받자고 약속했다.

드디어 오키나와에 있던 미군을 일본 본토와 한국으로

보내는 작전이 시작되었다. 밀러는 일본어를 전공했기 때문에 당연히 일본 본토로 가야 했다.

한국에 가고 싶었던 밀러는 고민에 빠졌다.

하늘은 돕는 자를 돕는다고 했다. 한국에 파견되기로 한 어떤 장교가 일본 본토로 가고 싶어 한다는 소문을 들었다. 밀러는 사령부에 찾아가 그 장교와 발령지를 바꾸어 달라고 요청했다.

사령부 장교가 의아한 얼굴로 물었다.

"밀러, 왜 굳이 위험한 한국에 가려고 고집하나?"

"위험해도 괜찮습니다. 전 꼭 한국에 가고 싶습니다."

사령부가 밀러의 간절한 부탁을 들어주었다. 그 장교는 일본으로, 밀러는 한국으로 발령이 났다. 밀러의 기쁨은 하늘을 찌를 듯했다.

1945년 9월 8일 늦은 밤, 미군 함정 사십여 척이 오키나와를 출발했다. 파도가 심하게 쳤다. 그러나 시간이 갈수록 파도도 한국을 도우려는지 숨을 죽이고 가랑비만 살살 뿌렸다. 밀러는 벅차오르는 가슴을 지그시 누르고 호기심 가득한 눈으로 이따금 창문을 통해 밖을 내다보곤

했다. 함선들이 물살을 가르는 소리만 들릴 뿐 사방은 어둠에 잠겨 조용했다.

오키나와를 떠난 지 나흘 만에 서해로 들어섰다. 하지 사령관의 명령이 떨어졌다.

"전원 완전 무장하고 대기하라!"

일본이 비록 항복은 했지만 언제 기습 공격을 해 올지 모르는 상황이었다. 함선 안에는 긴장감이 감돌았다. 그러나 단 한 사람, 밀러만은 새로운 나라, 한국에 대한 기대로 가슴이 터질 듯했다.

밀러는 밖을 내다보았다. 저 멀리 흐릿하게 육지가 보였다. 머릿속으로 한국 지도를 떠올렸다.

'저곳이 지도에서 본 태안반도일 거야! 우리가 상륙할 시간이 얼마 남지 않았군!'

동이 틀 무렵, 함대가 인천항에 도착했다. 미군들은 곧장 서울로 들어갔다.

서울은 조용하고 포근했다. 흡사 고향에 온 느낌이었다.

'나는 한국과 특별한 인연이 있어!'

눈에 보이는 모든 것들이 그저 정답기만 했다.

밀러는 우편물을 검열하고 한국 주요 인물들의 움직임과 국민의 생각을 파악하며, 일본으로 쫓겨 가는 일본인들이 한국에 있는 재산을 가져가지 못하게 감시하는 임무를 부여받았다.

하루 일이 끝나면 밀러는 지도를 보며 서울 거리를 탐험하는 기분으로 돌아다녔다. 제일 먼저 간 곳은 남대문시장이었다. 물건을 파는 사람들, 사는 사람들로 시장은 활기가 넘쳤다. 키와 눈이 작은 한국인들의 얼굴에는 생기가 가득했다. 시장을 돌아보고 주택가를 거닐었다. 밀러는 한옥의 매력에 푹 빠졌다.

삐꺽 소리를 내며 열리는 대문, 햇볕 좋은 곳에 차지한 장독대, 알맞게 늘어진 빨랫줄, 그 위에 앉아 노는 제비들…….

한옥은 비밀스럽고 넉넉하고 포근했다. 그리고 참 많이도 자연을 닮아 있었다.

밀러는 일본식 주택에 살다가 기와집으로 이사를 했다. 박순덕 아주머니를 고용해 집안일을 맡겼다. 아주머니는 깔끔하고 음식 솜씨가 좋았다. 아주머니가 김치와 장아찌를 담아 반찬으로 내놓았다. 입에 척척 달라붙을 정도로 맛있었다.

밀러는 생각했다.

'나는 전생에 한국인이었나 봐!'

밀러는 산에 오르기 시작했다. 우선 가까운 남산부터 올랐다. 그리고 북악산, 인왕산, 관악산을 두루 오른 다음 점점 범위를 지방으로 넓혀 나갔다.

등산은 한국의 지명을 익히기에 아주 좋았다. 메모하는 버릇이 몸에 밴 밀러는 여행하면서 보고 듣고 직접 한 일을 노트에 정리했다. 그 지방에 얽힌 전설과 설화도 잊어버리지 않으려고 메모했다.

한국 생활이 점점 익숙해질 무렵, 밀러가 맡은 일이 군정청(*점령지에서 군사령관이 군정을 행하는 관청.)으로 넘어가게 되었다. 더 이상 한국에서 밀러가 할 일은 없었다. 밀러는 일본에 있는 정보 사령부로 돌아가라는 명령을 받았다.

군인은 명령에 죽고 명령에 산다. 십여 개월 동안의 한국 생활을 청산한 밀러는 아쉬운 마음을 뒤로한 채 일본으로 떠났다.

일본으로 간 밀러는 두 가지 길 중 하나를 선택해야 했다.

1. 군인으로 계속 생활하는 것.
2. 제대하고 대학원에 진학하여 공부를 계속하는 것.

밀러는 두 번째 길을 택하기로 마음을 정했다. 그러나 이 길도 곧 그만두었다. 너무나 한국이 그리웠기 때문이다.

밀러는 워싱턴에 있는 국방부를 찾아가 서울 근무를 신청했다. 국방부는 밀러가 한국에 근무한 적이 있기 때문에 흔쾌히 군정청 공무원으로 발령을 내주었다.

어머니는 아들이 돌아온 기쁨을 누릴 시간이 없었다. 어머니의 마음을 헤아리지 못한 밀러는 신바람이 나서 한국으로 돌아왔다.

밀러에게 일본인들의 재산을 관리하고 감독하는 일이 주어졌다. 하지만 밀러는 이제 군인 신분이 아니라 자유인이었다. 이제 자신이 맡은 일을 하면서 가고 싶은 곳을 마음대로 찾아다니고, 먹고 싶은 음식을 마음대로 사 먹을 수 있었다. 게다가 남들이 부러워하는 자동차까지 가지고 있었다.

밀러는 휴일이 되면 자동차를 몰고 여행을 떠났다. 도시에서 시골로, 서울 남산에서 강원도 설악산으로, 오일장이 서는 경복 안동에서 충남 강경으로……. 그는 마음이 내키는 대로 자동차를 몰고 돌아다녔다.

개울에서 빨래하는 아낙네들, 느티나무 아래서 장기 두는 할아버지들, 가을 벌판에서 새를 쫓는 아이들, 신부를 태우고 가는 혼례 가마, 찹쌀떡을 파는 할머니…….

밀러는 여행을 하면서 본 신기한 모습들을 사진기로 찍었다. 그리고 슬라이드 필름을 만들어 차곡차곡

쌓아 놓았다.

　1950년 6월 24일 토요일, 그날도 밀리는 온천에 갈 차비를 차려 밖으로 나왔다. 그런데 자동차에 시동이 걸리지 않았다. 고장이 난 모양이었다. 할 수 없이 온천을 포기하고 주말을 집에서 보내기로 했다.

　이튿날 아침, 친구가 찾아와 놀라운 소식을 전해 주었다.

　"오늘 새벽에 북한군이 밀고 내려왔대. 대사관에서 외출을 삼가라는 명령이 떨어졌어."

　6.25 전쟁이 터진 것이다.

3. 한국 은행원이 되어 다시 한국으로

　점심을 먹고 불안한 마음으로 책을 읽었지만 글자가 눈에 들어오지 않았다. 친구가 자세한 사정을 알고 있을 것 같았다. 친구 집에 가기 위해 대문을 나섰다. 거리는 군인들을 태우고 북쪽으로 향하는 군용차들과 피난 가는 사람들로 아수라장이었다. 보따리를 머리에 이고 등에 진 피난민들과 부모 손을 놓친 아이들의 울부짖는 모습을 보니 눈물이 났다.
　친구도 아는 것이 없었다. 친구와 이야기를 나누는 둥 마는 둥 하고 집으로 돌아왔다. 저녁 여덟 시쯤 북한 공군기의 요란한 소리가 나더니 곧 기관총 쏘는 소리가 떠들썩하게 들려왔다.

라디오에서 서울 방어선이 무너졌음을 알렸다. 이틀 만에 북한군이 서울 가까이에 온 것이다. 이렇게 빨리 남한이 무너질 줄은 그 누구도 예상하지 못했으리라.

6월 27일, 미국 대사관에서 한국에 있는 미국인은 전원 대사관에 모이라는 연락을 보냈다. 밀러는 급히 짐을 꾸렸다. 서류와 간단한 옷가지, 돈을 가방 두 개에 담았다. 가방을 두 개 이상 가지고 가면 안 된다는 명령을 받았기 때문이다. 그리고 나머지 물건은 박순덕 아주머니와 일하는 아저씨가 나누어 가지라는 메모를 남겼다.

대사관으로 갔다. 모두가 불안한 표정이었다. 어서 빨리 한국을 벗어나길 원하는 눈치였다. 그러나 밀러는 한국을 떠나고 싶지 않았다. 설령 목숨이 위험한 상황이 닥친다 해도 한국에 남아 한국인들과 함께 하고 싶었다.

그는 대사관 직원에게 부탁했다.

"저는 한국에 남겠습니다."

대사관 직원이 눈을 부라리며 짜증을 냈다.

"여기 남으면 당신, 죽을 수도 있소. 잔소리 말고 비행기에 타시오."

일본으로 가는 첫 수송기가 오전 일곱 시에 이륙했다. 밀러는 계속 "다음 비행기로 떠나겠소." 하며 탑승을 미뤘다.

그는 속으로 빌었다.

'마지막 비행기에 좌석이 없기를…….'

오전 여덟 시, 마지막 비행기가 밀러를 기다리고 있었다. 이제 더 이상 미룰 수가 없었다. 밀러가 내키지 않는 걸음으로 수송기를 향하여 걸어갔다. 밀러를 태운 비행기가 이륙하기 시작했다. 그런데 이게 웬일인가! 북한 공군기가 미군 수송기를 향해 총격을 가하기 시작했다. 순간 수송기가 휘청했다.

"비행기 날개가 맞았다!"

누군가 고함을 질렀다. 비행기 안이 술렁거렸다. 그때 미군 전투기가 날아와 북한 공군기를 격추시켰다. 북한 공군기가 원을 그리며 아래로 떨어졌다. 날개를 맞은 미군 수송기는 고도를 낮춰 천천히 날았다. 비행기에 탑승한 미국인들은 불안한 마음을 감추고 침착하게 제 자리를 지키고 있었다. 잘못하면 총에 맞은 비행기가 바다로 곤두박질칠 수도 있었다. 밀러도 불안했다. 주위를 둘러보았다. 기도하는 사람, 아이를 다독거리는 사람, 눈을 꼭 감고 손을 마주 잡고 있는 사람…….

오전 10시 30분, 수송기가 무사히 일본 이타주케 미 공군 기지에 도착했다. 모두들 안도의 한숨을 내쉬며 비행기에서 내렸다.

밀러는 일본에 머물며 한국의 전쟁 상황에 신경을 곤두세웠다. 상황이 좋지 않았다. 북한군이 낙동강까지 내려왔다고 했다. 밀러는 크게 실망했다. 엎친 데 덮친 격으로 밀러에게 급성 간염이 찾아왔다. 병원에 드나들며 치료를 받아야 했다.

9월, 맥아더 장군이 이끄는 유엔군이 인천상륙작전에 성공했다는 기쁜 소식이 들려왔다. 밀러는 즉시 한국 임시 정부가 있는 부산으로 가는 배를 탔다. 한 달쯤 부산에 머물다가 미군 열차를 타고 나흘이나 걸려 서울에 도착했다. 너무나 위험한 모험이었다. 그러나 모험도 병 앞에서는 꼼짝하지 못했다. 다시 간염에 걸렸다. 서울은 전쟁 중이라 치료할 병원이 없었다. 밀러는 일본으로 급히 돌아갔다.

국군과 유엔군이 압록강까지 진격하여 통일이 눈앞에 다가온 듯했다. 그러나 중공군이 개미 떼처럼 몰려오는 바람에 눈물을 머금고 후퇴하지 않을 수 없었다. 많은 북한 주민들이 국군과 유엔군을 따라 남쪽으로 내려왔다. 이때 헤어진 가족들이 아직도 만나지 못하고 있으니, 바로 이산가족들이다.

밀러는 이 소식을 일본에서 죄다 듣고 있었다. 이제 한국에 가기가 전보다 더 어려워졌다. 밀러는 일단 미국에 있는 어머니 곁으로 가서 병을 치료했다.

어느 날 편지 한 장이 날아들었다. 미국 정부에서 밀러를 대만으로 보낸다는 내용이었다. 밀러는 한국이 아니면 어디든 갈 생각이 없었다. 그래서 망설임 없이 국방부에 사표를 냈다. 하지만 한국에 갈 기회가 또 다시 찾아왔다. 유엔에서 밀러를 부른 것이다. 그러나 한국에 근무할 수 있는 기간은 무척 짧았다. 그래도 좋았다.

1951년 6월, 밀러는 부산 임시 수도에 도착했다. 부산은 전쟁의 아픔으로 몸살을 앓고 있었다. 어딜 가나 피난민들로 북적댔다. 피난 올 때 가져온 물건들을 내다 파는 사람들, 추위와 굶주림을 참고 견디며 거리에서 노숙하는 사람들, 헤어진 가족을 찾는 벽보들, 깡통을 들고 밥을 얻으러 다니는 노인들, 거리에서 껌을 팔거나 구두를 닦으며 돈을 버는 아이들……. 전쟁이 남긴 상처가 너무 깊고 참혹했다.

"헬로, 찹찹?"

때꼽재기가 잔뜩 낀 어린 손이 밀러를 잡아당겼다. 껌팔이 소년이었다. 밀러가 얼른 껌을 샀다. 그러자 다른 껌팔이 아이들이 우르르 몰려와 자기 껌도 사 달라며 매달렸다. 나무로 만든 구두 통을 멘 구두닦이 소년들은 자기한테 구두를 닦아 달라며 바짓가랑이를 잡고 늘어졌다. 밀러는 지갑에 든 돈이 모두 없어질 때까지 껌을 사고 또 사고, 구두를 닦고 또 닦았다. 이렇게 해서라도 한국인을 돕고 싶었다.

하루는 자갈치 시장을 돌아다녔다. 그동안 밀러가 만난 한국인들은 꾸밈이 없고 순했다. 그런데 피난민들을 보니

그게 아니었다. 악착같이 물건을 팔고 사정없이 물건값을 깎았으며, 돈이 되는 일이면 무엇이든 마다하지 않았다. 한국인은 고난 앞에 무릎을 꿇지 않는 강인한 기질을 가지고 있는 민족이었다.

밀러는 살기 위해 악착스럽게 일하는 피난민들을 보며 생각했다.

'지금은 비록 형편없지만 언젠가는 크게 발전할 거야!'

유엔과 계약한 기간은 금방 끝이 났다. 밀러는 한국에서 계속 일하고 싶었다. 그때 좋은 일자리가 생겼다. 한국은행 임시 직원 자리였다. 이 직장도 일 년밖에 다닐 수 없었다. 그러나 밀러는 일 년이라도 고마웠다.

눈 깜짝할 사이에 일 년이 지나갔다. 그는 다시 미국으로 건너갔다. 이제 다시는 한국으로 갈 기회가 찾아오지 않을 것 같았다. 고민 끝에 대학원에서 공부를 계속하기로 결정했지만, 밀러는 여전히 한국이 그리웠다.

그러나 무엇이든 간절히 원하면 이루어지는 법. 한국에 가고 싶은 밀러의 절실한 소망이 이루어졌다. 한국은행 측에서 밀러에게 고문 자리를 주겠다는 연락을 한 것이다. 밀러의 입이 함지박처럼 벌어졌다.

밀러는 한국은행과 계약할 때 두 가지 약속을 했다.

첫째, 한국에서 4년 이상 근무하게 해 줄 것.
둘째, 2년마다 어머니를 만나러 미국에 가게 해 줄 것.

한국은행은 밀러가 요구한 조건을 군말 없이 받아들였다.

이제 마음 놓고 한국에서 생활할 수 있게 되었다. 게다가 한국은행은 그 당시 최고의 직장으로 봉급도 많이 주었다. 밀러는 기쁜 마음으로 부지런히 일하며 한국 생활에 넓고 깊게 빠져들었다.

우선 살 집을 구했다. 이번에도 한옥이었는데, 집은 독립문 근처 현저동에 있었다.

한옥은 미국인들이 살기에 불편한 점이 많았다. 밀러는 대청, 온돌, 장독대는 그대로 두고 생활하기에 불편한 부엌과 화장실을 서양식으로 고쳤다.

안방은 장롱, 경대, 문갑 등으로 장식하고 침대 대신 보료를 아랫목에 깔고 사용했다. 건넌방은 서재로 꾸며 옛날 선비들처럼 종이와 붓과 먹을 구비했다. 책장에는 그동안 사 모은 책을 가지런히 꽂았다. 그중『하멜 표류기』가 가장 귀한 책이었다. 독일인 하멜이 최초로 한국을 유럽에 알린 이 책은 영어로 번역되어 있었다. 밀러는 이 귀중한 책을 옛날 책을 파는 통문관에서 샀다. 하지만 6.25 전쟁이 일어나자『하멜 표류기』를 가져갈 수 없어 책꽂이에 꽂아 둔 채 일본으로 피난을 갔다. 그런데 서울에 돌아와 보니 전쟁의 포화 속에서도 멀쩡해서 얼마나 반가웠는지 모른다.

밀러는 책을 가슴에 품고 약속했다.

'넌 참으로 대단한 책이야. 널 다 읽고 나면 대학 도서관에 기증할게. 그때까지만 나하고 같이 살자!'

한복도 몇 벌 샀다. 그리고 박순덕 아주머니를 다시 고용했다.

어느 날 밀러가 부엉이 한 마리를 사 왔다. 깜짝 놀란 박순덕 아주머니가 물었다.

"아니, 부엉이를 어쩌시려구?"

"집에서 키우고 싶어서요."

밀러가 장난꾸러기 아이처럼 환하게 웃으며 대답했다.

부엉이 때문에 현저동에서 밀러의 집이 유명해졌다. 현저동 주민 아무나 붙잡고 "부엉이 집이 어디예요?" 하고 물으면 누구나 틀리지 않고 가르쳐 주었다.

또한 밀러는 중학생인 송진수를 양아들로 맞아들였다.

파란 눈을 가진 밀러의 완벽한 한국 생활이 시작되었다.

4. 관광 안내원이 되다

 한국은 36년 동안 일본의 식민지로 있었고 전쟁까지 겪은 나라라 사정이 좋지 않았다. 특히 대부분의 길이 비포장도로여서 자동차들이 다니기에 아주 불편했다.
 한국의 구석구석을 돌아다니며 자연을 감상하고, 한국인의 문화도 알고 싶었던 밀러는 자동차를 샀다. 비포장도로를 달리기엔 지프가 최고였다. 밀러는 지프에 무선 통신기를 달았다. 여행을 다니다 보면 언제 어디서 무슨 일을 당할지 몰랐다. 그래서 미군 통신망과 연결되는 무선 통신기를 차에 단 것이다.
 지도와 나침반은 미군이 전쟁 때 사용하던 것을 미군

친구에게서 얻었다. 배낭과 신발, 텐트도 미군이 사용하던 것이었다. 밀러의 여행 차림은 흡사 전쟁에 나가는 전사 같았다.

어느 일요일 아침, 다른 주말과 마찬가지로 밀러는 전사 같은 차림으로 대문을 나섰다.

지나가던 이웃 아저씨가 말했다.

"밀러 씨, 아직도 전투 중인 곳이 있나 봐요."

"지리산이죠. 모르셨어요?"

"지리산이면 그럴지도 모르죠. 그곳에 숨어 있는 무장 공비들이 무기를 가지고 있을 테니까요."

이웃 아저씨가 놀란 목소리로 말했다.

"핫하, 전투하러 가는 게 아니고 지리산으로 여행 가는 겁니다."

"아하, 그러셨어요? 전 또…….."

밀러의 농담에 이웃 아저씨가 크게 웃었다.

이웃 아저씨에게 꾸벅 인사를 하고 지리산으로 출발했다. 비포장도로를 쉬지 않고 달려 하동에 도착했다. 밀러는 지리산을 종주(*능선을 따라 산을 걸어 많은 산봉우리를 넘어가는 일.)할 계획이었다.

산과 들은 온통 봄이었다. 그런데 지리산 입구에 경찰들이 길을 막고 있었다.

"무장 공비들 때문에 산에 오를 수 없습니다. 더구나 당신은 미국인입니다. 미국인은 더욱 위험합니다."

밀러가 항의했다.

"왜 미국인이 더 위험하죠?"

"6.25 전쟁 때 우리를 도와주었기 때문이지요. 무장 공비들은 미국을 적으로 생각하고 있습니다. 당신을 본다면 바로 총을 쏠 겁니다."

경찰의 태도가 완강했다. 결국 밀러는 지리산 종주를 포기했다. 하지만 쌍계사로 자동차를 몰면서 다짐했다.

'두고 봐. 언젠간 종주하고 말 테다!'

쌍계사는 통일 신라 시대 때 지어진 유명한 절이다. 한국은 절이 없는 산이 없었다. 규모가 커서 눈에 쉽게 띄는 절부터 숲에 가려 숨은 듯이 서 있는 절까지 셀 수 없이 많았다.

밀러는 등산을 할 적마다 꼭 절을 찾았다. 스님의 독경 소리가 듣기 좋았고, 바람에 흔들리는 풍경 소리 또한 마음을 편안하게 해 주었기 때문이다. 게다가 절 주위에 숲이 있어 좋았다.

스님을 만나는 일은 즐거웠다. 스님의 말은 언제나 밀러에게 깨달음을 주었다. 또한 스님은 산에 대해 모르는 것이 없었다. 그래서 밀러는 높고 깊은 산을 오를 땐 언제나 스님한테 길 안내를 부탁했다. 스님은 덤불을 헤치며 길 없는 길을 잘도 안내했다. 밀러보다 한발 앞서 걸으며 날아오르는 새 이름과 꽃과 나무의 이름까지 소상히 알려 주었다. 산 정상에 올라서서 눈에 보이는 마을을 하나하나 가리키며 전설이나 설화를 풀어 놓기도 했다. 그래서 스님이 길 안내를 하면 지루하지 않았다. 재미있는 이야기에 푹 빠져 아무리 높은 산이라도 힘들지 않았다.

그 당시 남한의 산들은 대부분 민둥산이었다. 등산을 할 때마다 나무가 없어 밀러는 가슴이 아팠다. 하지만 민둥산에도 나무가 있는 곳이 있었다. 바로 절 주변이었다. 어느 산이나 절 주변에는 나무가 있었다. 스님들이 나무

를 지킨 덕분이었다.

쌍계사도 깊은 숲속에 자리하고 있었다. 길 양쪽에 서 있는 아름드리 소나무들이 밀러를 반겼다.

쌍계사 주지 스님이 밀러한테 차를 대접했다. 밀러가 천천히 차를 마시며 말했다.

"참 아늑하고 아름다운 절이군요."

"밀러 씨의 마음이 아름다우니까 아름답게 보이는 것이지요."

밀러는 지리산을 오르지 못해서 무척 아쉽다고 말했다. 스님이 선뜻 노고단까지만 가자며 자리에서 일어섰다. 밀러가 스님의 뒤를 부지런히 따라 걸었다. 군데군데 연분홍 꽃이 무리 지어 피어 있었다. 밀러가 탄성을 질렀다.

"오, 꽃이 아름답군요."

"진달랩니다. 지리산은 봄에는 꽃으로 아름답고, 가을에는 단풍으로 아름답지요."

여러 번 봤지만 진달래라는 이름을 듣기는 처음이었다.

"서울 북한산에도 진달래가 많아요."

"그렇지요. 그중에서도 특히 진달래로 유명한 산은 경

북 주왕산과 여천 영취산인데, 이곳 지리산 진달래가 더 붉어요."

호기심이 많은 밀러가 스님의 말을 놓치지 않았다.

"기후 때문인가요?"

"저는 6.25 때 이곳에서 수많은 젊은이들이 죽었기 때문이라고 생각해요. 나라를 위해 몸 바친 젊은이들의 피가 진달래꽃으로 피어난 거지요. 어때요, 정말 핏빛처럼 붉지 않나요? 저는 지리산 진달래를 볼 때마다 눈물이 난답니다."

스님의 말과 같이 젊은이들의 피처럼 붉은 진달래를 보며 밀러는 노고단까지 올라갔다. 지리산은 산세가 험하고 웅장한 거인 같은 산이었다.

몇 년 동안 전국 방방곡곡을 돌아다닌 밀러는 한국의 자연에 대해 모르는 것이 없을 정도가 되었다. 호기심이 많았던 그는 스님들로부터 나무와 꽃, 풀에 대해 배우고 익혔다. 그래서 등산을 할 때면 보이는 것들을 노래하듯이 흥얼거렸다.

"산딸나무, 머귀나무, 층층나무, 매발톱나무, 수수꽃다리, 다정큼나무……."

밀러한테 기쁜 일이 생겼다. 한국은행 임시 직원에서 정식 직원이 된 것이다. 집에서 축하 파티를 열기로 했다. 때마침 김장철이라 김장하는 날 친한 외국인들을 초대하기로 했다.

한복을 입은 밀러가 손님을 맞았다. 외국인들이 밀러의 한국식 생활이 신기하다며 입을 모았다.

외국인들은 한국에 대해 모르는 게 너무나 많았다. 남한의 이름난 곳을 관광하고 싶어도 한국인들이 영어를 하지 못해 마음 놓고 다닐 수가 없다며 불만을 털어놓았다. 밀러는 이 점을 귀 기울여 들었다.

밀러는 지금까지 배우고 익힌 한국의 자연을 외국인들에게 소개하고 싶었다. 그래서 생각해 낸 것이 외국인을 위한 단체 관광 프로그램이었다. 관광이 재미있고 유익하면 돈도 벌 수 있을 것 같은 예감이 들었다. 한국에 근무하는 외국인들이 대부분 부유했기 때문이다.

밀러가 단체 관광 계획을 소개했더니 외국인들이 무척

좋아했다. 한국도 알리고 돈도 벌고. 일석이조였다. 밀러는 신바람이 났다.

그런데 문제가 생겼다. 단체 관광을 하려면 버스가 가장 필요했다. 버스도 보통 버스가 아니라 비포장도로를 달릴 수 있는 튼튼한 버스여야 했다. 고민 끝에 미군 트럭을 관광버스로 개조하기로 했다. 밀러는 훌륭한 여행 안내자가 되기 위해 지금까지 방방곡곡을 다니며 메모한 것을 정리하고, 모자라는 부분은 한국의 향토사를 수집하여 공부했다.

외국인 단체 관광이 차츰 인기를 끌기 시작했다. 처음에 열 명으로 시작했는데 얼마 지나지 않아 백 명이 되었다. 관광객이 늘어나니 일도 많아졌다. 그래서 일을 도와줄 비서를 채용했다.

밀러는 외국인들을 데리고 다니며 그 지방의 전설, 설화, 역사, 놀이, 특산물, 음식 등을 재미있게 설명했다. 그리고 그 지방에만 자라는 자생 식물도 잊지 않고 소개했다.

어느 해 추석 무렵, 울릉도로 관광을 갔다. 외국인을

처음 본 울릉도 주민들은 그들을 무척 신기해했다.

"세상에 코가 저렇게 오똑하다니……."

"눈동자가 파란색이야!"

"머리는 어떻고. 우리하고 완전 다르네!"

울릉도 군수가 밀러를 반갑게 맞으며 말했다.

"우리 섬에 서양인들이 이렇게 많이 오기는 처음입니다."

울릉도 군수가 쇠고기로 잔치를 베풀었다. 외국인들은 맛있게 먹으며 즐겁게 떠들었다.

"울릉도가 너무나 아름다워요."

"울릉도뿐만이 아니에요. 한국에는 아름다운 곳이 참 많아요."

밀러가 대답했다.

"나는 세계에서 한국이 가장 아름다운 자연을 가졌다고 생각해요. 그런데 제대로 지키지를 못해요. 그게 안타까워요."

영국 대사관에 근무하는 한 아가씨가 말했다.

"한국 사람들은 아직 가난해서, 자연은 눈에 들어오지

도 않을 거예요."

"맞아요. '금강산도 식후경'이니까요."

밀러의 말에 외국인들이 고개를 갸우뚱했다.

"그게 무슨 뜻이죠?"

'아무리 재미있는 일이라도 배가 불러야 기분이 난다.'는 뜻을 지닌 한국 속담이라고 밀러가 설명했다.

"밀러, 당신은 몸은 미국 사람, 마음은 한국 사람 같아요!"

"와아아!" 하고 웃음이 터졌다. 밀러는 이 일에 큰 보람을 느꼈다.

5. 천리포를 만나다

밀러는 사람이 돈을 따라다니지 말고 돈이 사람을 따라다녀야 한다고 믿었다. 누구나 맡은 일을 열심히 하다 보면 자기도 모르는 사이에 돈이 모인다는 뜻이었다.

밀러는 오래전부터 주식 공부를 열심히 해 오던 중이었다. 욕심내지 않고 공부를 해 가며 주식에 투자를 했더니, 날이 갈수록 수익이 늘어나 빠르게 부자가 되었다.

어린 시절을 가난하게 보낸 밀러는 평소에 돈을 함부로 쓰지 않았다. 부자가 된 후에도 마찬가지였다. 꼭 필요한 곳에만 돈을 쓰고 나머지는 은행에 꼬박꼬박 저축했다.

부자가 된 밀러는 어머니를 미국에서 데려와 한국에서

같이 살고 싶었다. 그래서 편지와 전화로 어머니를 설득했다.

"어머니, 한국으로 이사 오세요. 틀림없이 좋아하실 거예요."

밀러의 성화를 이기지 못한 어머니가 한국으로 왔다. 아들이 부자인데도 어머니는 직장에 다니기를 원했다. 어머니가 미8군부대에 취직되었다. 그런데 한국의 아담한 산과 높고 푸른 하늘이 밀러 어머니의 마음을 사로잡지는 못했다. 어머니는 한국 생활에 적응하지 못하고 오 년 만에 미국으로 돌아가고 말았다.

1950년대 후반부터는 대천 해수욕장이 인기였다. 서울에서 대천으로 가는 기차가 있어 교통이 편리할 뿐더러 아름다운 주위 경치와 고운 모래밭이 있어 수영을 즐기기에 좋았기 때문이다. 밀러도 대천 해수욕장을 자주 찾았다. 그러다가 우연히 만리포에도 해수욕장이 있다는 소식을 들었다.

'해수욕장이 엄청나게 큰가 봐. 그러니까 '만 리'라는 이

름을 붙였지.'

어서 가 보고 싶었다. 그래서 친구 더스틴을 졸랐다.

"우리 이번 여름휴가 때 만리포 해수욕장으로 떠나자. 어쩐지 대천 해수욕장보다 더 좋을 것 같은 예감이 들어."

"그래? 좋아. 자네를 한번 믿어 보지."

서울을 떠나 한두 시간은 그런대로 길이 좋았다. 그러나 시간이 갈수록 엉덩이가 저절로 들썩거렸다. 자동차가 울퉁불퉁한 비포장도로를 달렸기 때문이다.

"기차 타고 대천 해수욕장을 갔으면 이 고생 안 하잖아!"

더스틴이 투덜거렸다. 밀러가 더스틴을 다독였다.

"만리포에 도착하면 불편한 마음이 싹 사라질 거야. 조금만 참아."

자동차가 쉬지 않고 달렸다. 드디어 만리포 해수욕장이 모습을 드러내기 시작했다.

곱고 짙은 푸른색 바다, 갈매기들의 울음소리, 해안을 따라 옹기종기 둘러앉은 초가집…….

"우와! 멋지다!"

밀러와 더스틴이 동시에 탄성을 질렀다.

다음 해부터 밀러는 여름휴가를 만리포 해수욕장에서 보냈다.

해수욕장에 오면 밀러는 낮 동안 수영을 했다. 수영이 싫증 나거나 바닷물이 차가워지면 해수욕장 근처를 돌아다니며 주민들과 대화하기를 즐겼다. 주민들은 한국말 잘하는 파란 눈의 밀러와 금방 말동무가 되었다.

1961년 여름부터 밀러는 만리포 해수욕장에서 4킬로미터 떨어진 천리포까지 산책을 나갔다. 천리포 숲길은 바다가 한눈에 들어오는 곳이라 더욱 아름다웠다.

1962년 여름에도 어김없이 밀러는 만리포 해수욕장을 찾았고 천리포로 산책을 나갔다. 그날도 산책을 나갔는

데, 저 앞에 바다를 바라보며 힘없이 앉아 있는 한 농부를 보게 되었다. 걸음을 빨리하여 농부 가까이로 다가갔다. 낯이 익은 걸 보니 마을 사람인 모양이었다. 밀러가 모자를 벗으며 인사를 했다. 농부가 한숨으로 인사를 받았다.

밀러가 농부 옆에 쪼그리고 앉으며 물었다.

"무슨 걱정이 있나요?"

농부가 밀러의 파란 눈을 그윽이 바라보더니 갑자기 그의 손을 덥석 잡으며 말했다.

"서양 양반, 내 딱한 형편을 말해 줄 테니 내 부탁 좀 꼭 들어 주시오."

농부의 사정은 이러했다. 농부한테는 딸이 하나 있었다. 어머니가 일찍 죽어 고생하며 키운 딸이었다. 그 딸이 결혼 날짜를 잡았는데 돈이 없어 걱정하고 있다는 것이었다.

"미국 양반, 제발 내 땅 좀 사 주시오."

"땅 판 돈으로 따님을 결혼시키겠다, 그 말씀인가요?"

농부가 고개를 끄덕였다. 작은 눈에 눈물이 그렁그렁 맺혔다.

밀러는 농부가 측은했다.

'결혼 비용이 없어 땅을 팔겠다니. 엄마 없이 외롭게 자란 딸이 불쌍하구나. 나도 아버지 없이 자랐는데……'

밀러가 물었다.

"땅값이 얼마인가요?"

농부가 말한 땅값은 밀러의 한 달 치 봉급의 절반도 되지 않았다. 밀러가 덥석 땅을 사겠다고 약속했다. 그리고 딸의 결혼을 축하한다며 축의금까지 농부 손에 쥐여 주었다.

밀러가 산 땅은 6000평이었다. 전기도 전화도 들어오지 않는 두메산골의 척박한 땅이었다. 물도 부족하고 토질도 형편없는 땅을 농부가 불쌍해 사들인 것이다.

밀러가 땅을 샀다는 소문이 날개를 달고 이 마을 저 마을로 퍼져 나갔다. 돈이 필요한 농부들이 밀러를 찾아와 자기 땅도 사 달라고 졸라 댔다. 마음 약한 밀러는 아무 쓸모도 없는 땅을 농부들을 도와주겠다는 마음으로 무턱대고 샀다. 민둥산도 사고, 논도 사고, 밭도 샀다. 그때는 천리포가 하늘이 내려 준 최고의 경치를 가진 땅인 줄 땅을 판 농부도, 땅을 산 밀러도 몰랐다. 이곳이 먼 훗날 해안국립공원에 편입이 될 만큼 아름답다는 사실을 그때는 그 누구도 몰랐다.

사실 밀러가 남한에서 가장 좋아하는 산은 설악산이었다. 아름다운 자연과 부드러운 산세에 반해서 밀러는 해

마다 설악산에 올랐다. 중간에 등산로가 없어 몇 번이나 등산을 포기하고 내려오기도 했던 산이었다.

1968년 가을, 밀러는 또다시 설악산으로 여행을 갔다. 설악산의 가을 단풍은 말 그대로 장관이었다. 덤불과 넝쿨을 헤치며 산을 오르기 시작했다. 그러나 위로 올라 갈수록 실망이 컸다.

나무들은 무참히 허리가 잘렸고, 고목들은 포화에 그을렸고, 오세암도 불에 타서 흔적만 겨우 남아 있었다. 곳곳에 전쟁의 상처가 뚜렷했다. 대청봉이 저만치 보였다. 밀러는 젖 먹던 힘까지 짜내어 걸음을 옮겼다. 낯선 침입자에 놀란 산새들이 후드득 높이 날아올랐다.

산 아래에서는 가을이 한창이었는데, 대청봉 주위의 나무들은 벌써 겨울 준비를 하고 있었다. 밀러는 아름다운 나뭇잎을 아낌없이 떨어뜨리고 겨울 준비를 하는 나무들에 깊은 감명을 받았다.

'나무들은 추운 겨울을 마다하지 않는구나. 춥고 쓸쓸할 텐데……. 사나운 바람과 싸우면서도 봄을 준비하겠지!'

밀러는 나무한테 마음을 빼앗겼다.

'그런데 한국 산들은 너무 헐벗었어. 한국의 민둥산에 푸른 옷을 입히면 얼마나 아름다울까! 나무에게 푸른 옷을 입히려면 나무를 심어야 해. 그래, 나무를 심자. 그런데 나는 아직 나무에 대해 모르는 것이 너무 많아.'

갑자기 나무 공부가 하고 싶었다. 소나무와 전나무도 구별 못하면서 나무 공부를 하겠다니, 밀러를 아는 사람이 들으면 배꼽 잡고 웃을 일이었다. 그러나 호기심과 탐구심이 강했던 밀러는 앞뒤를 생각하지 않았다. 우선 두꺼운 식물도감 전집을 사서 나무 공부에 매달렸다. 식물도감을 읽는 재미에 빠져 밥 먹는 시간도 잊기 일쑤였다. 회사에서도 읽고 화장실에서도 읽었다. 그러나 혼자 책으로만 하는 공부는 한계가 있었다.

'이 책에 나와 있는 나무를 직접 내 눈으로 보고 싶어. 나뭇잎이 어떤 모양인지, 꽃은 무슨 색깔인지, 키는 얼마나 자라는지, 어느 산에 어떤 나무가 잘 자라는지……. 산과 들을 돌아다니며 나무를 보고 공부해야 해. 그게 바로 산 교육이야!'

문득 친구 이창복 교수가 머리에 떠올랐다. 이창복 교수는 서울대학교에서 학생들을 가르치고 있었다.

'그 친구의 제자가 되자!'

밀러는 무릎을 치며 기뻐했다.

이창복 교수는 임학과(*삼림학.) 학생들을 데리고 식물탐사여행을 자주 갔다. 식물탐사여행은 나무를 관찰하고 조사하고 연구하기 위한 현장 학습이었다. 이창복 교수는 학생들을 데리고 식물탐사여행을 갈 때마다 밀러를 끼워 주었다. 밀러의 나이가 탐사 팀에서 가장 많았다.

'공부하는 데 나이가 무슨 상관이람.'

밀러의 젊은 생각이 대학생들을 친구로 만들게 해 주었다.

밀러는 식물도감으로 공부하는 것보다 현장 학습이 더 생생하고 재미있었다. 그는 젊은 학생들과 친구가 되어 전국을 돌아다녔다.

그동안 나무 공부를 많이 했다고 자신했지만, 여전히 나무에 대해 모르는 것이 너무나 많았다. 책에 있는 나무를 바로 옆에 두고도 그 이름이 생각나지 않았다. 그래도 밀러는 창피하게 생각하지 않았다. 의문이 생기면 밀러는 주저 없이 가까이 있는 대학생에게 이것저것 질문했다. 그러면 그들은 친절하게 대답해 주었다.

식물 탐사를 갈 때마다 밀러는 배낭에 오징어, 땅콩 등을 잔뜩 담았다. 대학생들한테 고마움의 표시로 줄 선물이었다.

전라남도 무등산으로 탐사 여행을 떠났다. 학생들이 삼삼오오 짝을 지어 다니며 현장 학습을 했다.

야영장 근처에 다다랐을 때였다. 여러 명이 둘러앉아 한 나무를 집중적으로 살펴보고 의견을 나누더니 누군가 소리쳤다.

"실거리나무다!"

흩어졌던 탐사 팀이 한달음에 모여들었다. 나무를 이리저리 살펴보던 이창복 교수의 목소리가 떨렸다.

"맞아. 이 나무는… 식물 학계에 보고가 안 된 실거리나무가 확실해!"

새로운 나무를 발견한 것이다. 모두들 흥분했다. 밀러

도 학생들과 같이 기뻐했다.

새로운 나무를 발견하는 기쁨을 맛본 밀러는 나무 공부가 더 재미있어졌다. 밀러의 실력이 쑥쑥 늘어났다. 밀러는 한국에서만 자라는 자생종 나무 이름은 물론 그 나무의 옛 이름까지 줄줄 외게 되었다.

하루는 세계 여러 나라에 설립된 수목원에 관한 책을 읽었다. 수목원은 말 그대로 '살아 있는 나무들의 집'이었다. 수목원에는 수많은 나무들이 관리인들의 정성 어린 보호를 받으며 무럭무럭 자라고 있었다. 나무들이 행복해 보였다.

책장을 넘기던 밀러의 손이 멈추었다. 북한 평양의 수목원이 그의 눈에 들어왔던 것이다.

'평양에도 수목원이 있는데 남한에는 한 곳도 없어. 말이 돼?'

밀러는 남한에 수목원을 만들고 싶었다. 그러자 잊고 있었던 천리포가 떠올랐다.

'내 땅 천리포에다 수목원을 만들자. 온갖 나무들이 행복하게 자라는 수목원을!'

밀러는 당장 천리포로 달려갔다. 쓰러져 가는 초가 한 채와 몇 마지기의 논, 그리고 푸른 바다가 밀러를 반겼다. 갈매기들이 날아다녔다. 모래 언덕으로 짠 바닷바람이 끊임없이 불어왔다.

'토질이 나쁜데 과연 나무가 자랄까? 이 바람은 또 어떻고?'

의구심이 들었지만 땅의 힘을 북돋아 주면 될 것 같았다.

'나무를 공부하길 잘했지. 자, 이제부터 내 실력을 보여 줄 테다!'

밀러는 우선 천리포의 문제점을 손꼽아 보았다.

1. 바닷바람이 세다.
2. 나무한테 줄 물이 부족하다.
3. 길이 좁아서 트럭이 다니지 못한다.

좋은 점도 찾아보았다.

1. 땅이 넓다.
2. 경치가 아름답다.
3. 겨울이 따뜻한 편이다.
4. 한옥을 여러 채 지을 수 있다.
5. 어머니가 좋아하는 꽃을 심을 수 있다.
6. 내가 좋아하는 호랑가시나무도 얼마든지 심을 수 있다.

나쁜 점보다 좋은 점이 더 많았다. 그러면 됐다. 시작이다. 저절로 콧노래가 흘러나왔다. 꿈을 가진 밀러는 행복했다.

그래도 많은 나무를 심기엔 여전히 땅이 부족했다. 밀러는 땅을 더 사 모았다. 밀러는 증권 투자로 돈을 잘 벌고 있었기 때문에 땅을 사 모으는 데 어려움이 없었다.

땅을 사들이는 밀러를 보고 동네 사람들이 수군거렸다.

"아니, 밑창이 다 닳은 구두를 신고 다니면서 땅 살 돈은 있는가 봐?"

"그러게 말이야. 그 돈으로 구두부터 사 신지."

"양복은 어떻고? 형편없이 낡았어."

"그래도 부자라잖아!"

"아무리 부자라도 그렇지. 이런 쓸모없는 땅을 사서 뭐 하게? 참 이해가 안 되네."

동네 사람들 말대로 밀러는 자기 자신한테 쓰는 돈조차도 아까워하는 지독한 구두쇠였다. 이랬던 밀러가 돈이 엄청나게 드는 수목원을 만들겠다고 계획을 세운 것이다.

생각을 바꾸고 나니 등산하는 목적도 바뀌었다. 전에는 경치를 즐기기 위한 등산을 했다면 이제 밀러는 나무 공부를 하기 위해 산을 오르기 시작했다.

6. 나무들의 천국

 나무를 키우는 일은 쉽지 않았다. 미국과 영국 등 외국에서 들여온 나무들이 겨울을 넘기지 못하고 대부분 죽었다. 한국의 자생종 산딸나무마저 추위와 싸우다 죽었다. 밀러는 크게 실망했다. 그러나 곧 반성했다.
 '내가 식물에 대해 모르는 점이 아직도 많아. 그리고 너무 서둘렀어. 시간을 가지고 천천히⋯⋯.'
 밀러는 왜 나무가 죽었는지 궁금했다. 국내 식물학자와 원예 전문가를 찾아가 그 원인을 물었다. 그들도 명쾌한 대답을 하지 못했다. 그저 "우리나라 풍토에 안 맞아서 그럴 거예요."라는 애매모호한 말만 반복했다.

밀러는 스스로 원인을 찾을 수밖에 없다고 생각했다.

'무조건 나무를 사서 심을 게 아니야. 지난번 뉴질랜드에서 들여온 나무도 너무 급하게 서두르는 바람에 죽고 말았어.'

그 나무의 이름은 '보리수나무'였다. 사실 밀러는 보리수가 외국 수종인 줄 알았다. 그런데 알고 보니 한국 자생 식물이었다. 어이가 없었다.

'아직 나무 공부가 부족하다는 증거야. 더 공부해야 해!'

밀러는 다시 마음을 다잡았다.

'나무에 대해 더 많이 알자. 어떤 나무를 어디에 심어야 할지도 더 고민하자. 심는 것보다 가꾸는 일이 더 중요하다.'

천리포 수목원과 서울 연희동의 집에 온실을 지었다. 묘목들을 온실에서 이삼 년간 키워 볼 생각이었다. 외국에서 사 온 묘목들을 천리포 수목원에 심었다. 그러나 유난히 까다로운 나무는 서울 연희동 집에 만든 온실에 심었다. 서울에 있는 시간이 더 많아 자주 보살필 수 있었기 때문이다.

해외에서 식물 전문가를 초청했다. 미국 하버드대 후수잉 교수와 함께 여러 명의 식물학자가 외래종 나무를 죽이지 않고 키우는 방법을 가르쳐 주었다.

어느 날 수목원 관리인이 말했다.

"원장님, 외국 나무들이 한국에서 잘 자라지 못하는데 왜 자꾸 키우려고 그러세요?"

"그러면 한국 자생종만 키울까? 한국 자생종이라면 한국 어느 산에나 있잖아. 이 넓은 땅에 세계 여러 나무들이 자란다고 생각해 보게. 얼마나 멋지겠나! 자네, 외국 나무들이 자꾸 죽으니까 귀찮아서 그러지?"

관리인 얼굴이 붉어졌다. 밀러가 부드럽게 말했다.

"귀찮다 생각 말고 우리 땅에 적응할 수 있도록 도와주세. 사람도 마찬가지야. 고향을 떠나 낯선 곳으로 이사하면 처음에는 적응을 못하잖아. 그러나 뿌리를 내리고 살다 보면 타향도 고향처럼 느껴지는 거야. 안 그런가?"

"네, 물론 그렇긴 하죠."

"그건 그렇고… 아무래도 땅이 더 필요해."

밀러는 틈틈이 수목원 주위의 땅을 사 모았다. 이렇게 하나둘 사 모은 땅이 18만 평에 이르렀다.

밀러는 천리포 수목원 근처에 있는 닭섬도 샀다. 1만 2000여 평의 무인도였는데 육지에 있는 민둥산처럼 나무가 없었다.

밀러는 닭섬에 상록 활엽수를 심었다. 그리고 섬 이름을 바꾸기로 했다. 자기가 제일 싫어하는 '닭'이라는 이름을 떼어 버리고 싶었기 때문이다. 그러나 적당한 이름이 떠오르지 않았다. 그러던 중에 우연히 태안중학교 생물 선생님한테 닭섬의 유래를 들을 기회가 생겼다.

"섬 모양이 닭 벼슬처럼 생겨서 닭섬이라 불렀대요."

"원래부터 나무가 없었나요?"

"아니에요. 전에는 상록 활엽수가 많았어요. 그런데 어민들이 불법으로 나무를 캐서 상인들한테 팔았기 때문에 그 모양이 된 거예요. 원장님이 나무를 심으니까 얼마나 보기 좋은지 모릅니다."

"그렇지요? 나 정말 잘했지요?"

어린애 같은 밀러의 말에 생물 선생님이 기분 좋게 웃었다.

"그런데 원장님, 제가 어렸을 때 들은 이야기인데 아주 오래전에 '낭새'라는 물새가 닭섬에 살았대요."

"그럼 선생님도 그 물새를 보지는 못하셨다는 말씀인가요?"

"물론입니다."

밀러는 닭섬의 이름을 '낭새섬'으로 바꾸었다. 이름을 바꾸고 나니 섬이 더 멋져 보였다.

"언젠가는 낭새들이 날아올 거야. 자기들 고향이니까!"

하지만 이 일로 밀러를 흉보는 동네 사람들이 생겨났다.

"아니, 멀쩡한 섬 이름을 왜 바꿔?"

"그러게. 얼마나 정답고 쉬운 이름인데."

"코쟁이 밀러 씨가 닭을 엄청 싫어하긴 하나 봐."

"그렇다니까! 왜 수목원 앞에 사는 박 씨 있잖아?"

"그래, 닭 키우는 집."

"하루는 밀러 씨가 박 씨 집에 찾아와서 닭 키우지 말라고 그랬대. 자기는 닭 싫어한다고."

"그런 일도 있었어?"

"그 일로 두 사람이 옥신각신 싸웠지. 밀러 씨는 닭 키우지 말라고, 박 씨는 남이야 닭을 키우든 말든 무슨 상관이냐고. 한동안 동네가 아주 시끄러웠어."

"근데 그 일로 두 사람이 아주 친해졌다며?"

"맞아. 박 씨가 밀러 씨와 싸운 후부터 닭을 안 키워."

"밀러 씨가 박 씨를 이겼군, 이겼어."

"이야기가 그렇게 되나? 핫하하, 아무튼 참 별난 미국 사람이야!"

밀러는 식물도감이 너덜너덜해질 정도로 공부했다. 그리고 새로운 나무에 대한 정보를 얻기 위해 국내 식물 학계를 대표하는 한국식물분류학회와 영국원예협회, 국제수목학회 그리고 세계목련학회 등에도 가입했다. 이런 협회에 가입하면 나무에 대한 정보도 얻을 수 있고 나무를 사기도 쉬워서 일석이조였다.

처음에는 주로 묘목을 사서 심었다. 그러나 외국 묘목

은 값이 비싸고 한국까지 오는 데 운송비가 많이 들었다. 그뿐만이 아니었다. 한국으로 오는 도중에 나뭇가지가 꺾이거나 상처가 나기도 했다. 어렵게 들여온 나무가 천리포 땅에 적응하지 못하고 죽는 경우가 많았다.

  보다 못한 밀러가 수목원 직원들한테 자신의 의견을 말했다.

  "이제부턴 씨앗을 사서 키워 보자. 씨앗을 온실에 심어 싹을 틔운다. 싹이 나면 다시 모밭으로 옮겨 심은 뒤 뿌리가 자랄 때까지 기다린다. 묘목이 어느 정도 적응을 하면 밖에 내다 심는다. 어때, 좋은 방법이지?"

  직원들이 손뼉을 쳤다.

  생각이 곧 행동으로 옮겨졌다. 그들은 온실과 모밭을 서너 개 더 만들었다.

  나무를 잘 자라게 하려면 무엇보다 물이 필요했다. 그러나 천리포는 강수량이 많지 않았다. 나무한테 줄 물이 없어 일꾼들이 개천에서 물지게로 물을 지고 날라야 했다. 개천에서 수목원으로 오는 길이 가파른 언덕이라 일꾼들의 고생이 이만저만이 아니었다. 게다가 수목원 안에

물을 저장할 곳도 마땅치 않았다. 인공 연못이 필요했다. 다행히 수목원 안에 습지가 있어 그 옆에 연못을 파기로 했다.

밀러가 고용한 일꾼들이 이른 아침부터 늦은 밤까지 돌무더기 땅을 파내려 갔다. 밀러는 일꾼들에게 하루에 할 일을 미리 정해 주었다. 그 날 할 일을 다 못했는데 날이 어두워지면 관솔불(*솔에 밝힌 불.)을 밝히면서 일을 하도록 했다. 작업이 너무 힘들었던 일꾼들은 밀러가 자리를 뜨기 무섭게 불만을 털어놓았다.

"코쟁이가 정말 지독하단 말이야. 우리들을 노예처럼 일하게 하잖아. 어휴, 힘들어 죽겠네."

생각했던 것만큼 일이 잘 진행되지 않았다. 그러자 밀러도 일꾼들과 함께 곡괭이로 땅을 팠다. 연꽃에 가득 핀 연못을 상상하니 절로 힘이 솟아났다.

갖은 어려움 끝에 인공 연못 두 개가 완성되었다. 연못 옆에 있는 논은 그냥 두었다. 밀러는 이 논에 벼를 심어 벼농사를 지을 생각이었다.

처음에는 목적 없이 땅을 샀기 때문에 밀러의 땅들은

여기저기 흩어져 있었다. 이 땅들을 한 울타리 안에 두어야 수목원을 만들 수 있다. 그러려면 땅과 땅을 연결하는 길이 필요하다. 그래야지 사람과 트럭이 다닐 수 있다. 특히 트럭은 수목원을 만드는 데 필요한 물자를 실어 나르기 때문에. 무엇보다 길부터 내야 했다.

길 만드는 작업이 진행되었다. 길을 내기 위해 돌을 치우고 아무렇게 자란 나무들을 자르고 뿌리를 파내느라 일꾼들은 구슬땀을 흘렸다. 무성하게 자란 나무를 베어 내고 그 뿌리를 캐야만 길을 낼 수 있었다. 일꾼들이 또다시 곡괭이를 들었다.

마침 그 광경을 보게 된 밀러가 비명을 지르며 달려왔다.

"잠깐!"

인부들의 눈이 밀러에게 쏠렸다.

"그, 그곳은 참회화나무 군락지야. 나무를 다치게 하면 안 돼!"

"그러면 설계도대로 길을 낼 수 없습니다."

"길을 안 내도 좋으니까 그만두게. 이 나무가 얼마나

귀한지 자네들은 모를 거야!"

참회화나무 때문에 공사는 중단되고 말았다.

밀러는 수목원을 가꾸는 틈틈이 직원들과 식물탐사여행을 떠났다. 국내는 물론 외국도 마다하지 않았다. 탐사여행은 고생 여행이다. 무더위와 추위에 떨어야 하고 잠잘 곳과 식당이 없는 곳도 있었다. 그래서 직원들은 탐사여행이 그다지 즐겁지 않았다.

밀러가 직원들을 달랬다.

"원래 시작은 어려운 법이야. 하지만 시작만큼 중요한 것이 없지. 시작이 있어야 결과가 있으니까!"

밀러는 탐사 여행을 갈 때마다 수목원에서 키운 외국산 묘목들을 찾아 트렁크에 잔뜩 실었다. 목적지에 도착하면 그곳에 있는 학교와 농민들한테 나누어 줄 묘목이었다.

밀러는 묘목을 나누어 줄 때마다 당부했다.

"잘 키워 보세요. 아주 멋진 나무니까요!"

어느 날 천리포 수목원을 돌아보던 한 영농인이 뉴질랜드에서 들여온 달콤한 나무 열매를 맛보았다. 이 영농인은 뉴질랜드에서 똑같은 나무 씨앗을 들여와 우리나라에서 최초로 시험 재배에 성공하여 전남 해남군에 퍼뜨렸다.

이 열매가 차츰 인기를 끌기 시작했다. 남부 지방 농민들이 너도나도 이 나무를 사다 심기 시작했다. 이 나무를 키운 농민들은 부자가 되었다. 이 열매는 다름 아닌 '양다래(*키위.)'였다. 자주색의 맛있는 열매 블루베리도 천리포 수목원이 제일 먼저 외국에서 들여와 가꾸었다.

1975년 겨울, 밀러는 완도로 탐사 여행을 갔다. 완도는 호랑가시나무가 많이 자라는 곳이다. 탐사 여행을 마치고 돌아온 그는 어머니한테 편지를 썼다.

어머니,

완도에서 제가 좋아하는 호랑가시나무 씨앗을 채취해서 무척 기쁩니다.

외투를 입지 않아도 되고 손도 얼지 않는 겨울을 마음껏 즐기고 있으니 제 걱정은 하지 마세요.

전 나무와 같이 사는 하루하루가 너무나 행복합니다.

수목원에 심은 나무들은 날이 갈수록 잘 자랐다. 계절마다 색깔이 변하지 않는 다른 수목원의 참죽나무와는 달리, 호주에서 들여온 천리포 수목원의 삼색참죽나무는 계절이 바뀔 때마다 아름답게 옷을 갈아입었다.

오랜만에 이창복 교수가 천리포로 내려왔다. 이창복 교수가 수목원을 둘러보며 감탄했다.

"밀러, 이곳이야말로 천혜의 땅일세. 난대성 식물부터 아한대성 식물까지 자라고 있군. 여름은 30도를 넘지 않고 겨울은 춥지 않으며 가을은 길고. 수목원으로 딱 좋은 곳이네. 저 자작나무 좀 보게. 추운 러시아에서 자라는 나무까지도 아무 탈 없이 잘 자라잖아."

밀러는 이창복 교수의 말에 하늘을 날듯이 기뻤다.

밀러가 외쳤다.

"아무것도 모르는 내가 이런 좋은 땅을 사다니. 세계의 나무들아, 모두 이리로 오너라. 이곳이 너희들의 천국이다!"

7. 밀러의 나무

　겨울에 빨간 열매가 달리는 호랑가시나무는 크리스마스 때 트리 장식으로 사용된다. 밀러는 호랑가시나무가 그려진 티셔츠를 입고 다닐 정도로 호랑가시나무를 좋아했다. 그래서 호랑가시나무를 수집하는 데 돈과 시간을 아끼지 않았다.

　일본 규슈의 유한다케 산에 '디모르포필라'라는 일본 호랑가시나무 군락지가 있다는 말을 들었다. 밀러는 당장 일본 규슈로 갔다. 미리 약속한 일본 식물학자와 친구들이 밀러를 기다리고 있었다. 그러나 비바람이 몰아쳐 산에 오를 수가 없었다. 밀러가 아쉬운 표정으로 말했다.

"디모르포필라를 꼭 보고 싶었는데, 날씨가 방해를 하는군요."

돌아서려는 밀러에게 일본 식물학자가 용기를 주었다.

"기회는 자주 오지 않아요. 자, 갑시다. 디모르포필라를 만나러……."

유한다케 산은 숲이 매우 우거져 날씨가 맑은 날에도 오르기 힘든 산이었다. 비바람을 온몸으로 맞으며 산을 올라갔다. 그래도 밀러는 행복했다. 디모르포필라를 보고 싶은 마음이 간절했고 일본 친구들의 우정이 피부에 와 닿았기 때문이다.

과연 디모르포필라 군락지는 소문처럼 보존이 잘 되어 있었다. 밀러는 일본 식물학자의 도움을 얻어 어렵게 씨앗을 받았다.

좋은 일이 또 있었다. 요시모토 부인이 화분에 심은 호랑가시나무 한 그루를 밀러에게 선물했다. 밀러는 혹시나 나무가 잘못될까 봐 호텔 화장실 욕조에 이 화분을 보관한 뒤, 몇 번이고 잘 있는지 확인했다. 한국으로 들여오는 공항의 검역 절차도 까다로웠다. 이 나무를 천리포 수목원에 심었다.

 디모르포필라 씨앗도 뿌렸다. 씨앗은 싹을 틔워 잘 자라는 듯하더니 오 년 만에 그만 죽고 말았다. 밀러는 죽은 나뭇가지를 잡고 한참 동안 슬퍼했다.

 다양한 식물 씨앗들을 구하기가 무척 어려웠다. 이대로는 안 되겠다는 생각이 들어 인덱스 세미넘에 천리포 수목원 이름을 올렸다.
 '인덱스 세미넘'은 식물 관련 연구소나 단체들이 씨앗을 교환하기 위해 발행하는 종자 목록이다. 이 목록에 자기들이 가지고 있는 씨앗의 종류를 밝히면 씨앗이 필요한 곳에서 연락이 온다. 그러면 그곳에 돈을 받지 않고 씨앗을 준다. 하지만 씨앗은 공짜로 주지 않는다. 자기들이 가지고 있는 씨앗을 주고 가져가야만 한다. 쉽게 말하면 씨앗끼리 맞바꾸는 셈이다.
 인덱스 세미넘 덕분에 세계 여러 나라의 희귀한 씨앗들이 천리포 수목원으로 들어오기 시작했다. 천리포 수목원은 인덱스 세미넘을 통해 미국, 영국, 뉴질랜드, 중국, 소련, 심지어 북한 식물의 씨앗까지 우리나라의 씨앗과 교환했다. 천리포 수목원이 씨앗을 주고받은 나라는 모두 35개국에 이르렀다.

물론 다른 나라의 씨앗을 받으려면 천리포 수목원도 우리나라의 씨앗을 가지고 있어야 했다. 그래서 여러 가지 씨앗을 준비했다. 외국으로 보낸 우리나라의 씨앗 중에 세계적으로 인기를 끈 품종도 여럿 있었다. 밀러는 한국 토종 식물이 세계 곳곳으로 퍼져 나가는 일이 마냥 즐거웠다.

어렵게 구한 씨앗을 한 그루의 나무로 가꾸는 일도 어렵기는 마찬가지였다. 씨앗을 싹틔워 묘목으로, 그 묘목을 큰 나무로 키우기 위해서는 갖은 정성을 다 쏟아야 했다.

어느 날 밀러가 수목원 직원들한테 말했다.

"엄마가 자식 돌보듯 나무를 보살피게. 그러려면 나무에 대해 많이 알아야 하네. 모두들 공부하게, 공부!"

직원들도 밀러와 마찬가지로 나무 공부에 열심이었다.

1978년 밀러는 예년처럼 종자 채집을 하기 위해 남상돈, 김군소 그리고 미국인 베리잉거와 봄철 식물탐사여행을 떠났다. 네 사람은 전라남도 진도를 거쳐 완도로 갔다. 완도는 숲이 잘 보존되어 있어 어디를 가나 자생 식물이 싱싱하게 자라고 있었다. 마침 단골 여관의 주인이 밀러에게 좋은 정보를 귀띔해 주었다.

"밀러 원장님, 이번에는 구계동 해안 쪽으로 가 보시지요."

"구계동? 이름이 참 재미있어요. 왜 그런 이름이 붙었나요?"

여관 주인이 설명했다.

"파도가 밀려오니까 자갈밭이 가만히 있을 수 있나요? 자꾸 밀리지요. 오랜 세월 밀리고 밀리다 보니까 자갈밭에 아홉 개 계단이 생겼어요. 그래서 구계동이라 불러요."

밀러 일행은 여관 주인이 가르쳐 준 대로 구계동 갯돌해변을 따라 걸었다. 자생 식물이 해안을 따라 긴 숲을 이루고 있어 경치가 매우 아름다웠다. 직원들이 감탄사를 연발했다.

"원장님, 이 나무들이 바람을 막아 주는 역할을 하는군요!"

직원의 말을 밀러가 받았다.

"그러게. 이 나무들이 해송처럼 사나운 바닷바람을 막아 주는군. 자연의 힘은 역시 대단해!"

정도리 해안 숲에도 자생 식물이 많았다. 네 사람은 제각각 흩어져 나무들을 관찰하고, 메모하며 사진을 찍었다. 밀러의 가슴에 즐거움이 파도쳤다. 자신이 좋아하는 호랑가시나무가 여기저기 자라고 있었기 때문이다. 그런데 군데군데 껍데기가 벗겨진 나무가 있었다.

밀러가 혀를 차며 말했다.

"어린아이들 짓이야. 새를 잡기 위해 애꿎은 나무 껍데기를 벗긴다더니, 그 말이 사실이었군!"

호랑가시나무 껍데기를 벗기면 풀같이 끈끈한 액체가 나왔다. 아이들은 이 끈끈한 액체를 새를 잡는 데 이용했다.

"어릴 적부터 자연보호교육을 철저히 시켜야 해. 이래

가지고서야 나무들이 살아남겠어? 얼마나 귀한 나무인데……. 쯧쯧."

밀러는 껍데기가 벗겨진 호랑가시나무를 애처로운 눈빛으로 바라보았다.

일행과 떨어져 호랑가시나무를 유심히 관찰하던 밀러가 갑자기 큰 소리로 직원들을 불렀다.

"여기 처음 보는 이상한 녀석이 있어. 빨리 와 봐!"

모두가 달려왔다. 밀러의 눈빛이 예사롭지 않았다.

"이 녀석 좀 보게. 생긴 모습은 틀림없이 호랑가시나무야. 그런데 한 나무에 여러 모양의 나뭇잎이 달려 있어. 나뭇잎도 얇아. 어서 만져 보게."

밀러의 말처럼 일반 호랑가시나무와 전혀 다른 생김새였다. 일반 호랑가시나무는 잎이 두껍고 잎 주위에 톱니가 사납게 돋아나 있는데, 밀러가 발견한 호랑가시나무는 잎이 얇고 한 가지에서 나온 나뭇잎인데도 그 모양이 모두 달랐다.

밀러가 말했다.

"남상돈, 빨리 차에 가서 식물도감 가져와."

남상돈이 차를 세워 둔 곳으로 뛰어갔다.

밀러는 전 세계 호랑가시나무의 모든 품종의 생김새를 알고 있었다. 그런 밀러 앞에 턱 버티고 선 이 호랑가시나무는 요모조모 아무리 뜯어봐도 낯설었다.

우리나라 식물 대부분은 국내 학계에 등록되어 있다. 등록되어 있지 않는 식물이라면 '새로운 발견'이 되는 셈이다. 식물학자에게 '새로운 발견'은 대단한 행운이다. 평생 새로운 발견을 한 번도 못한 식물학자가 수두룩했기 때문이다. 밀러가 흥분할 만한 일이었다.

남상돈이 식물도감을 가져왔다. 밀러가 재빠르게 '호랑가시나무' 부분을 폈다. 역시 지금 발견한 것과 같은 모양을 가진 호랑가시나무는 없었다.

"원장님, 빨리 이창복 교수님께 전화해 보세요."

베리잉거가 말했다. 밀러가 전화를 하기 위해 완도 우체국으로 달려갔다.

이창복 교수가 직접 전화를 받았다. 밀러가 떨리는 목소리로 방금 본 호랑가시나무의 생김새를 자세히 설명했다. 가만히 듣고 있던 이창복 교수가 들뜬 목소리로 말했

다.

"밀러, 나도 모르는 나무야. 당신, 큰일 했어!"

"오, 내가 야단맞을 일을 해 버렸군!"

밀러의 엉뚱한 말에 모두들 큰 소리로 웃었다.

그날 밤 탐사 팀 네 명은 바닷바람을 맞으며 근사한 축하 파티를 열었다. 구두쇠 밀러가 비싼 회를 푸짐하게 샀기 때문이다. 네 사람은 생선회를 먹으며 밤이 깊어 가는 줄 모르고 이야기꽃을 피웠다. 밤하늘 별들은 반짝이는 빛으로, 파도는 철썩이는 노래로 밀러의 새로운 발견을 축하해 주었다.

밀러가 발견한 호랑가시나무는 정말 학계에 보고가 안 된 나무였다. 이 나무는 톱니가 많은 호랑가시나무와 톱니 없이 밋밋한 감탕나무의 자연 교잡으로 생긴 새로운 품종이었다.

새로운 나무에는 새로운 이름이 필요했다. 밀러는 이 나무에 '완도호랑가시'라는 이름을 붙여 주었다. 그리고 미국호랑가시학회에 보고서를 올렸다. 원칙적으로 새롭게 발견된 식물은 발견한 사람의 이름을 나무 이름에 붙여서 부른다. 완도호랑가시도 밀러의 이름이 붙어 세계호랑가시도감에 오르게 되었다.

밀러는 '자연 교잡'에서 힌트를 얻어 또 다른 모험을 시도했다.

'자연 교잡으로 새로운 나무가 생겼다면, 인공으로 교잡을 시켜도 새로운 품종이 나오지 않을까? 그래, 외국산 나무와 국내산 나무를 인공적으로 교잡시켜 새로운 품종을 만들어 보자! 만약 성공한다면 어떤 새로운 식물이 나올까!'

밀러는 온몸이 떨릴 정도로 기대가 되었다.

8. 파란 눈의 한국인, 민병갈

　밀러는 오래전부터 한국의 자연을 가꾸며 한국인으로 사는 꿈을 가지고 있었다. 하지만 한국인이 되려면 미국 국적을 버리고 한국 국적을 얻어야만 했다.
　밀러는 하루 빨리 한국의 성과 이름을 갖고 싶었다. 그는 우선 '성(姓)'부터 결정하기로 했다. 한국의 많은 성씨 중에서도 밀러는 형제처럼 친하게 지내 온 한국은행 총재 '민병도'와 같은 성인 '민' 씨가 되고 싶었다. '민'은 '밀러'와 발음이 비슷해서 더욱 마음에 들었다.
　이름도 '병도'에서 따오고 싶었다. 그래서 이름 첫 자는 '병도'의 돌림자를 따라 '병'으로, 끝 자는 '갈'로 결정했다.

끝 자인 '갈'은 밀러의 미국 이름인 '칼 페리스 밀러(Carl Ferris Miller)'에서 딴 것이었다.

민병갈

밀러의 한국 이름이 탄생했다.

한국 이름으로 한국에 살며 한국의 직장에서 일하게 된 민병갈은 한국 국적에 자신의 이름을 올리기로 했다. 그래야 법적으로 완전한 한국 사람이 되기 때문이다.

외국인이 자신의 국적을 버리고 다른 나라 국적을 얻어 그 나라의 국민이 되는 일을 '귀화'라고 한다. 하지만 민병갈이 한국인으로 귀화하려면 마지막으로 어머니의 승낙이 필요했다. 민병갈은 미국에 있는 어머니한테 자신의 바람을 담은 편지를 보냈다. 아들의 편지를 읽은 어머니는 충격을 받았다. 어머니에게서 답장이 왔다.

밀러야!
네가 수목원 때문에 귀화를 결심한 것 같구나.

네가 한국을 얼마나 좋아하는지 엄마도 잘 알고 있단다.

하지만 올해로 내 나이가 63살, 언제 죽을지 모르는 나이가 아니겠니.

나는 네가 보고 싶다. 고모와 네 동생도 너를 보고 싶어 해. 그러니 우리 같이 살자.

어서 미국으로 돌아오렴.

어머니의 간절한 편지에도 민병갈의 결심은 흔들리지 않았다. 어머니를 설득하려는 민병갈의 편지가 계속해서 미국으로 날아갔다. 견디다 못한 어머니가 민병갈의 고모와 함께 한국으로 왔다.

어머니가 민병갈에게 말했다.

"귀화하겠다는 너의 편지는 모두 다 꼼꼼히 잘 읽었다. 아직도 그 결심에 변함이 없는 거니?"

민병갈이 간절한 목소리로 말했다.

"어머니, 제 간절한 소망입니다. 허락해 주세요."

"아들, 돌아가신 할아버지와 아버지도 나처럼 반대하실 거야."

어머니의 호소에도 민병갈은 물러서지 않았다.

"독일인 할아버지도 미국으로 귀화하셨잖아요. 할아버지처럼 저도 귀화해서 한국인이 되고 싶어요. 할아버지도 아버지도 이해하실 거예요."

옆에서 고모가 말렸지만 소용이 없었다. 어머니와 고모는 민병갈의 고집을 꺾지 못한 채 미국으로 돌아갔다.

'우리 가족은 미국인. 아들이 한국인이 된다면 우린 이제 가족이 아니야!'

어머니는 아들이 귀화하는 순간부터 서로 남남이 된다고 생각했다. 그래서 삼 년 동안 꾸준히 아들을 타이르기도 하고 야단도 쳤지만 민병갈은 고집을 꺾지 않았다.

어머니가 민병갈의 여동생을 데리고 다시 한국으로 왔다. 그리고 일본에 있던 민병갈의 남동생까지 한국으로 불러들였다. 가족회의를 하기 위해서였다. 하지만 가족 중 어느 누구도 민병갈의 굳은 의지를 무너뜨리지 못했다. 마침내 어머니가 울음 섞인 목소리로 말했다.

"내가 졌다. 아들아, 네 뜻대로 하렴!"

드디어 민병갈의 귀화가 결정되었다. 민병갈은 한국 국

민이 되었고, 주민 번호가 적힌 주민 등록증을 발급받았다.

그러나 여전히 또 하나의 숙제가 남아 있었다. 한국인이 되었으니 민 씨 족보에 이름을 올려야 했던 것이다. 족보 문제에 대해서도 민병갈은 당연히 민병도에게 부탁했다. 민병갈의 부탁을 들은 민병도가 걱정스럽게 답했다.

"나는 당연히 너를 민 씨 족보에 올려 주고 싶어. 그런데 우리 종친회가 문제야. 우리 여흥 민 씨는 명성왕후나 민충정공 같은 훌륭한 인물이 난 집안이라 자부심이 대단한데, 우리하고 피 한 방울 섞이지 않는 외국인을……. 그래도 크게 걱정 마. 넌 누구보다도 우리나라를 사랑하니까. 우리 종친회는 애국자한테 아주 관대한 편이야!"

민병갈이 웃으며 말했다.

"저는 민병갈, 형님의 동생입니다. 사실은 여흥 민 씨보다 제 고향 이름을 따서 펜실베이니아 민 씨로 하고 싶었어요. 그런데 한국에선 안 되지 않습니까!"

민병도는 웃을 수밖에 없었다.

"펜실베이니아 민 씨? 당연히 안 되지!"

민병갈 때문에 여흥 민 씨 집안에 종친회가 열렸다. 종친회에서는 반대 한 마디 없이 민병갈을 여흥 민 씨 족보에 올려 주었다. 58세의 파란 눈을 가진 미국인이 한국인으로 다시 태어나는 순간이었다.

9. 굿모닝 맘!

또 봄이 왔다. 언제나 봄은 모든 것을 새롭게 느끼게 했다.

'또 한 해를 새로 시작하는 거야, 힘차게!'

봄을 맞아 민병갈은 천리포에 또 하나의 한옥을 지어 이사했다. 집의 이름은 '후박집'이었다. 새 집으로 이사를 하니 기분이 상쾌했다.

하루는 민병갈이 후박집을 나와 길을 걷다가 목련나무 아래서 걸음을 멈추었다. 육 년 전, 국제목련학회로부터 씨앗을 받아 심은 목련나무가 첫 꽃망울을 터뜨린 것이다.

'세상에!'

민병갈의 얼굴에 웃음이 가득했다.

그런데 무언가 이상했다. 민병갈이 꽃을 유심히 관찰했다. 다른 목련꽃과 확실히 달랐다. 민병갈은 자신이 보고 있는 나무가 원래 나무에서 변하여 달라진 종, 즉 '변종'이라는 사실을 한눈에 알아보았다. 민병갈은 흥분으로 두근거리는 마음을 지그시 누르고 우선 꽃잎부터 세어 보았다.

"하나, 둘, 셋……."

원래의 목련나무보다 꽃잎이 두세 장 더 많았다. 꽃잎 색깔도 달랐다. 분홍색 꽃잎이 가장자리에서 안으로 들어갈수록 짙었다.

어느 목련꽃에서도 보지 못한 독특한 색깔이었다.

"빨리, 빨리 와 봐. 여기 야단날 일이 또 하나 생겼어!"

민병갈이 손으로 나팔을 만들어 수목원 직원들을 불렀다. 놀란 직원들이 달려왔다.

"이 목련, 변종이 틀림없어! 그렇지?"

민병갈이 들뜬 목소리로 말했다. 유심히 꽃을 관찰하던 식물 부장이 고개를 끄덕이며 말했다.

"원장님 말씀이 맞는 것 같아요. 변종이에요, 변종!"

민병갈이 환호했다.

"오, 마이 갓!"

이 변종 목련의 이름은 '라즈베리 펀'이 되었다.

라즈베리 펀도 완도호랑가시처럼 까다로운 절차를 거쳐 세계변종목련목록에 민병갈의 이름과 함께 등록되었다.

또 하나의 새로운 발견 이후, 천리포 수목원에는 민병갈의 이름이 따라붙는 나무가 세 종류나 있게 되었다.

완도에서 민병갈이 발견한 '완도호랑가시'.

인공 교잡으로 탄생한 큰별목련 '라즈베리 펀'.
떡갈나무 '칼 페리스 밀러'.

사실 마지막 떡갈나무는 한국의 토종 식물로, 새롭게 발견된 나무가 아니었다. 민병갈이 죽고 난 후 영국의 육종학자(*생물의 새로운 품종을 만들어 내거나 기존 품종의 개량을 연구하는 사람.) 알렌 쿰브스가 민병갈의 지독한 나무 사랑을 기리기 위해 떡갈나무에 민병갈의 이름을 붙여 준 것이었다. 이 떡갈나무는 세계 나무 시장에서 '물오른 이파리도 예쁘지만 시들고 쭈그러진 이파리도 귀엽다.'는 평가를 받으며 지금까지도 정원수로 세계에서 많은 사랑을 받고 있다.

미국에 있는 어머니도 아들 이름이 붙은 라즈베리 펀을 열렬히 사랑했다. 하지만 어머니는 라즈베리 펀을 그렇게 좋아하면서도 한국에 오려 하지 않았다.
'어머니를 위해 한옥도 새로 지었는데…….'
밀러는 어머니를 한국으로 데려오고 싶었다. 그래서 어

머니를 위해 멋지게 한옥을 지은 뒤 '목련집'이라는 이름까지 붙여 놓았다.

그러던 어느 날 미국에서 급한 연락이 왔다. 101세의 어머니가 세상을 떠난 것이다. 민병갈은 머뭇거리지 않고 미국으로 떠났다.

미국에서 어머니의 장례식을 치르고 돌아온 그는 이듬해 봄, 라즈베리 편 한 그루를 자신이 머무는 후박집 앞뜰에 심고 어머니를 기리는 비석을 그 앞에 세웠다. 그리고 수목원에 머무는 날이면 아침마다 라즈베리 편 앞에 서서 어머니에게 인사를 했다.

"굿모닝, 맘!"

그러면 라즈베리 편이 몸을 흔들며 웃는 듯했다.

1989년 2월, 천리포 수목원에 경사가 났다. 영국왕립원예협회로부터 민병갈에게 '비치(Veich)' 메달을 주겠다는 연락을 해 왔기 때문이다. 이 메달은 세계의 모든 식물학자나 원예인들이 받고 싶어 하는 상이었다. 1885년 영국 왕실에서 처음 수여하기 시작한 이 메달은 원예학계에선 노벨상으로 통했다. 민병갈은 그동안 여러 상을 받았지만, 이 상을 받을 때만큼은 기쁨의 눈물을 흘렸다.

천리포 수목원은 그야말로 나무들의 세상이다. 수목원의 수많은 나무들이 민병갈의 한결같은 사랑으로 하루하루를 근심 걱정 없이 살아가고 있다. 천리포 수목원은 해풍으로 심하게 한쪽을 다친 나무라도 그 모습 그대로 살아가게 한다. 다른 수목원처럼 보기 싫다고 나무를 뽑거나 가위로 보기 좋게 다듬지 않는다.

어느 해 겨울, 삼나무 한 그루가 얼어 죽었다. 직원들은 죽은 삼나무를 치워야 한다고 강력하게 건의했다. 반대하는 사람은 민병갈뿐이었다. 직원들이 죽은 나무를 베어 버리자며 목소리를 높였다.

"원장님, 그냥 두면 근처 나무도 같이 죽습니다. 그리고 보기도 좋지 않습니다."

직원들의 강경한 태도에 민병갈은 물러서지 않을 수 없었다. 그는 힘없이 "자네들 뜻대로 하게." 하고 말한 후 자리를 떴다. 자기 눈으로 나무가 베이는 모습을 차마 볼

수 없었다. 나무를 다 베자 민병갈이 오더니 쓰러진 삼나무를 쓰다듬으며 말했다.

"나무야, 미안해! 정말 미안해!"

민병갈은 일반인들에게 수목원을 개방하고 싶지 않았다. 사람들이 수목원을 구경하면서 나무에 해를 끼치는 경우가 비일비재했기 때문이다. 그러나 견학을 원하는 학생들이나 식물을 연구하고 싶어 하는 사람들한테는 기꺼이 개방했다.

그날도 어느 학교 교사가 학생들을 데리고 견학을 왔다. 학생들은 수많은 외래종과 호랑가시나무와 목련을 견학하고 돌아갔다. 그런데 그들이 떠난 자리에 나뭇가지 하나가 꺾여 있었다. 화가 난 민병갈이 당장 직원을 불러 그 이유를 물었다. 직원이 기어들어 가는 목소리로 말했다.

"인솔 선생님이 씨앗을 받게 해 달라고 부탁을 해서⋯ 안 된다고 했는데도⋯⋯."

교사가 직원들 몰래 급히 씨앗을 받으려다 나뭇가지를

꺾은 것이었다.

"내일부터 학생들 견학도 금지해요!"

민병갈이 명령하듯 말했다. 그리고 외쳤다.

"나무는 생산자, 동물은 소비자, 사람은 파괴자야! 내 말이 틀렸어?"

민병갈의 화난 마음은 개구리들이 위로해 주었다. 볼품없이 둔하게 생겼지만 개구리의 툭 튀어나온 순박한 두 눈과 순한 울음소리를 들으면 가슴속에 가득 차 있던 화가 눈 녹듯 사라졌다. 그래서 민병갈은 개구리를 좋아했다.

하루는 누군가 민병갈에게 개구리를 왜 좋아하느냐고 물었다.

"끔뻑거리는 개구리의 두 눈은 굉장히 느려 보여요. 그러다 상황이 급해지면 얼마나 빠르게 움직이는지 모릅니다. 한국 사람과 닮았어요. 한국 사람들은 순하고 착한데 시련이 닥치면 물불 안 가리고 열심히 일하잖아요. 개구리가 그 모습을 닮았다니까요! 난 한국 사람을 닮은 건

무엇이든지 좋아해요."

천리포 수목원의 연못 옆에는 논이 있었다. 민병갈은 매년 이 논에다 벼농사를 지었다. 농약을 쓰지 않고 벼농사를 짓기 때문에 개구리들이 유난히 많았다. 특히 초여름 밤에는 개구리들의 합창 소리로 주변이 시끄러웠다.

개구리 합창을 듣기 위해 한밤중에 논두렁을 어슬렁어슬렁 돌아다닐 정도로 민병갈은 개구리가 좋았다.

어느 월요일 이른 아침이었다. 민병갈이 서울로 가기 위해 차에 올랐을 때였다. 수목원 직원 임운채가 숨을 몰아쉬며 달려와서 막 출발하려는 그의 차를 멈춰 세웠다. 민병갈이 차창을 내리며 물었다.

"임 군, 무슨 일인가?"

"원장님께 선물을 드리고 싶어서요."

"선물? 좋지. 무슨 선물이야?"

임운채가 카세트테이프 한 개를 내밀었다.

"운전하면서 들어 보세요."

민병갈이 고개를 갸우뚱하며 테이프를 받았다. 자동차가 수목원을 벗어나자 민병갈이 테이프를 틀었다.

개골개골

개골개골

자동차 안에 개구리 소리가 가득 찼다. 민병갈은 행복했다.

10. 노크도 없이 찾아온 손님

　민병갈은 가끔 아랫배가 아팠다. 아픈 증상이 오래 지속되었으면 병원에라도 가 볼 텐데, 통증이 오다가 언제 아팠냐는 듯이 금방 괜찮아지곤 했다. 그런데 얼마 전부터 대변에 피가 섞여 나왔다. 이상했다.
　'한 달 전 건강 검진을 받았을 때는 아무 이상이 없다 했는데…….'
　그냥 둘까 하다가 서울 세브란스 병원을 찾아가 검사를 받았다.
　며칠 후 의사가 말했다.
　"민 원장님……. 직장암 말기입니다."

암 말기라면 고칠 수가 없다. 아득했다. 머리를 세게 얻어맞은 느낌이었다. 민병갈이 겨우 정신을 가다듬고 물었다.

"치료는 가능합니까?"

의사가 힘없이 말했다.

"수술은 안 되고 항암 치료밖에는……."

민병갈은 금방 기운을 되찾았다.

"항암 치료? 그거 빨리 합시다."

1인실에 입원했다. 1인실은 다른 병실에 비해 요금이 훨씬 더 비쌌다. 민병갈이 간호사를 불렀다.

"내가 두 가지만 부탁할게요. 첫째, 내 음식에 닭고기를 넣지 마세요. 둘째, 나를 다른 병실로 옮겨 줘요. 이 병실은 너무 비싸요."

옆에 있던 비서가 깜짝 놀라 말했다.

"원장님, 1인실이 비싸긴 해도 조용해서 좋습니다. 원장님은 1인실에 계실 자격이 충분하십니다."

"무슨 소리! 수목원 운영이 얼마나 어려운데, 내가 돈을 많이 쓰면 안 되지."

병실을 옮겨 항암 주사를 맞았다. 소문을 듣고 아는 사람들이 병문안을 왔다. 병문안 온 사람들보다 환자인 민병갈의 목소리가 더 밝고 쾌활했다.

"어이 친구, 의사가 그러는데 내가 말이야, 석 달 정도밖에 못 산대. 말이 된다고 생각하나?"

"……."

"아, 그 암이라는 녀석이, 노크도 없이 내 몸에 들어왔어. 예의도 없다니까. 두고 보게. 내가 몇 배나 더 오래 살 테니. 그러니까 그 인상 좀 쓰지 마."

민병갈이 항암 주사를 맞고 퇴원했다. 그리고 전과 같이 생활했다.

화창한 일요일, 직원이 살충제를 뿌려야겠다고 보고했다.

"올해는 유난히 해충이 많아서요."

그러자 민병갈이 숨도 쉬지 않고 말했다.

"아무리 많아도 안 돼. 해충들이 아무 나뭇잎이나 다 먹는 게 아니잖아? 자기가 좋아하는 나뭇잎만 먹지. 해충이 꼭 나쁜 것만은 아니라고 내가 얼마나 말했나? 애벌레 때 나뭇잎을 갉아 먹긴 하지만, 그 녀석들이 자라 꽃가루를 나르고 열매를 맺게 해 주니 얼마나 고마워. 해를 끼치긴 해도 참 괜찮은 녀석들이니까 우리 수목원에서 살게 그냥 둬!"

직원이 사과했다.

"원장님, 죄송합니다. 저야말로 하나만 알고 둘은 알지 못했습니다."

민병갈이 웃으며 말했다.

"우리 익충도 좋아하고 해충도 좋아하자고!"

민병갈은 자신이 암 환자라는 사실을 까맣게 잊고 있는 듯 생활했다. 그러다 가끔씩 지나 온 아름다운 추억들을 생각했다.

지나간 일들이 영화처럼 눈앞에 펼쳐졌다.

'처음 본 한국 땅. 정말 멋있었어. 1945년 9월 8일, 먼동이 틀 무렵이었지. 탐사 여행! 즐거웠어. 힘들게 수목원을 만들던 그때가 정말 행복했어. 완도호랑가시를 발견할 때도 행복했고……. 모두모두 아름다운 추억이야. 완도호랑가시 때문에 400여 종의 변종이 나왔지. 정말 대단했어. 라즈베리 편은 또 어떻고. 아름다운 나의 꽃…….'

뒤이어 슬픈 추억이 밀려왔다.

'멕시코에서 가져온 새우나무. 난쟁이처럼 작았지. 그 녀석이 추위를 너무 타서 연희동 온실에서 삼십 년 동안 아기처럼 키웠는데. 녀석의 새우 꼬리만 한 흰 꽃이 얼마나 예쁘던지.'

민병갈의 얼굴에 웃음이 번졌다.

'그 녀석이 꽃을 피우면 우리 집안에 경사가 났다며 내가 덩실덩실 춤을 췄지. 그러면 부엌에 있던 아주머니가 달려 나와 손뼉으로 장단을 맞춰 주었어. 그런데, 그런데…….'

또다시 슬픈 생각이 몰려들었다.

'그만 녀석이 죽었어. 삼십 년을 나와 같이 살았는데. 난 그 녀석을 마당에 묻으며 통곡했어.'

민병갈의 볼에 눈물이 방울져 흘러내렸다.

'너도 가고, 나도 가야지!'

이런 슬픈 생각도 나무를 생각하면 금방 사라졌다.

민병갈은 고문을 맡고 있는 증권 회사와 수목원 일에 여전히 최선을 다했다. 야윈 몸으로 아일랜드의 더블린에서 열리는 국제수목학회에도 참석했다.

2001년 가을, 여행 가방을 들고 나오는 민병갈을 보고 수목원 직원이 놀라 물었다.

"원장님, 또 어디 가시게요?"

민병갈이 활짝 웃으며 대답했다.

"베트남. 내가 세 번째로 좋아하는 나라."

"아무리 그래도……."

"내가 첫째로 좋아하는 나라는 한국, 그 다음은 뉴질랜드, 세 번째는 베트남. 베트남에 가고 싶어. 걱정하지 말게. 아, 저기 좀 봐!"

민병갈이 손으로 가을벚나무를 가리켰다. 가을벚나무는 자기를 자식처럼 아끼고 가꿔 온 민병갈이 큰 병에 걸린 것을 아는지 모르는지, 분홍색 꽃을 잔뜩 달고 아름다움을 한껏 뽐내고 있었다.

민병갈이 웃으며 말했다.

"예쁘지?"

"예, 원장님."

민병갈은 안타까워하는 직원을 뒤로하고 베트남으로 떠났다. 그는 자신이 얼마 살지 못한다는 사실을 잘 알고 있었다. 그래서 때때로 탄식했다.

"도대체 내가 무엇을 어떻게 해야 하나!"

민병갈은 베트남 여행을 무사히 마치고 회사로 돌아왔다. 그러나 보기에 딱할 정도로 몸이 야위어 있었다. 비서가 어렵게 입을 열었다.

"원장님, 좀 쉬시는 게 좋을 것 같아요."

민병갈이 느닷없이 화를 냈다.

"내가 쉬면, 수목원은 어쩌란 말이야?"

비서가 입을 꾹 다물었다.

2002년 3월 14일, 민병갈에게 큰 행운이 날아들었다. 김대중 대통령으로부터 '금탑산업훈장'을 받게 된 것이다. 이 상은 우리나라 산업 발전을 위해 큰 공을 세운 사람에게 주어지는 큰 상이었다. 또한 청와대에서 대통령이 수상자에게 직접 수여하는 상이었다.

몸을 가누기가 힘들 정도로 병이 깊어진 민병갈이 휠체어를 타고 청와대 귀빈실로 갔다. 김대중 대통령이 민병갈의 목에 훈장을 걸어 주며 말했다.

"민 원장, 그동안 참으로 수고가 많았소."

민병갈이 가느다란 목소리로 말했다.

"그저 내가 좋아서 한 일입니다. 전 한 번도 힘들다고 생각하지 않았습니다."

귀빈실을 나서는 민병갈에게 한 신문 기자가 질문을 했다.

"원장님, 결혼을 안 하신 걸로 알고 있습니다. 무슨 특별한 이유라도 있으십니까?"

민병갈이 벙긋 웃으며 말했다.

"무슨 말씀을… 내가 결혼을 안 하다니? 난 천리포 수목원과 오래전에 결혼했소."

기자가 웃으며 말했다.

"아, 그러셨지요. 제가 깜빡했습니다."

이 세상에 남아 있을 시간이 정말 얼마 남지 않았음을 느낀 민병갈이 비서를 불렀다. 비서가 문을 열고 들어섰다. 민병갈이 의자에 간신히 몸을 기댄 채 창문 너머로 눈길을 주고 있었다. 민병갈의 눈빛이 흔들렸다.

민병갈이 말했다.

"저기 남산."

"예."

"내가 서울 와서 처음으로 올랐던 산이야."

"네에……."

"남산은 사계절 언제 봐도 아름다워!"

"맞아요, 원장님."

민병갈은 짐을 싸서 천리포 수목원으로 내려왔다. 그리고 조용히 숨을 거두었다.

2002년 4월 12일.

민병갈을 태운 꽃상여가 천리포 수목원을 한 바퀴 빙 돌았다. 벚꽃들이 바람에 날려 꽃상여를 따르고, 목련꽃들이 마지막 가는 민병갈을 배웅하려고 꽃잎을 활짝 열었다. 민병갈이 좋아했던, 화산 불기둥처럼 색깔이 붉은 '불칸' 목련꽃이 그날따라 더욱 붉었다. 수목원을 병풍처럼 둘러선 곰솔들이 우우 소리 내어 울었다. 김상곤 노인이 요령(*놋쇠로 만든 종 모양의 큰 방울.)을 딸랑이며 선창을 했다. 닭을 키운다고 민병갈과 싸운 이웃사촌이었다.

이제 가면 언제 오나.

앞서는 소리가 애달팠다. 상여꾼이 된 직원들이 울음을 삼키며 김상곤 노인의 선창을 받았다.

에헤이 에헤이
저승길이 멀다더니 닥쳐 보니 대문 밖이 그곳일세.
에헤이 에헤이

민병갈의 친구이자 스승인 이창복 교수와 그의 오랜 친구들, 이웃사촌들, 수목원 직원들 그리고 평생 집안일을 해 준 박순덕 아주머니가 연신 손수건으로 눈물을 훔치며 꽃상여 뒤를 따라갔다. 꽃상여가 어머니를 모시기 위해 지었던 목련집을 지나 민병갈이 숙소로 사용한 후박집 뜰에서 노제를 지내기 위해 멈추었다. '노제'란 정들었던 옛집을 떠나는 영혼을 위로하기 위한 우리나라 전통 의식이다.

민병갈은 그토록 사랑했던 수목원에 묻혔다. 민병갈이 세상을 떠난 그해는 이상했다. 후박집 앞의 라즈베리 편이 꽃을 피우지 않았다. 블루베리나무들 역시 꽃을 피우지 않았다.

어느 직원이 말했다.

"꽃들도 원장님이 돌아가시니까 슬픈가 봐!"

삼 년 후, 또 하나의 큰 영광이 민병갈을 찾아왔다. 2005년 4월 7일, 국립 수목원 안에 있는 숲의 명예 전당에 부조로 조각된 민병갈의 동판 초상이 헌정된 것이다.

2012년, 민병갈이 세상을 떠난 지 십 년이 지났다. 직원들이 민병갈의 무덤을 헐고 유해를 화장하여, 한지로 만든 상자에 넣어 '리틀 잼'이라는 목련나무 아래 묻었다.

수목장을 한 것이다. 민병갈의 소원대로 그의 유해는 나무의 거름이 되었다.

　민병갈은 죽었지만 죽지 않았다. 세계에서 가장 아름다운 천리포 수목원에서 그가 사랑했던 나무들과 영원히 살아갈 테니까.

역사인물 돋보기

민병갈 (1921~2002)

국내 최초로 민간 수목원을 설립한
민병갈은 어떤 시대에 살았으며
아시아 최초로 '세계의 아름다운 수목원'으로
인정받은 천리포 수목원의 사계는 어떤 모습일까?
파란 눈의 나무 할아버지,
민병갈의 삶을 좀 더 구석구석 살펴보자!

1. 민병갈은 어떤 시대에 살았을까?

동족상잔의 비극, 6.25 전쟁

1950년 6월 25일 새벽 4시, 북한이 38도선의 전 지역에서 총공격을 시작했습니다. 4일 만에 서울이 북한군에게 점령되었고 남한군은 낙동강까지 밀려나고 말았습니다. 그러나 9월 15일, 국제 연합군의 인천상륙작전이 성공하면서 서울을 되찾을 수 있었습니다. 이후 남한군과 미군, 북한군과 중공군의 치열한 대립은 3년간 계속되었고, 결국 1953년 7월 27일, 휴전 협정이 맺어졌습니다.

전쟁으로 폐허가 된 서울 ⓒⓘⓞ 대한민국 국군, filckr

전쟁 속 임시 수도, 부산

6.25 전쟁이 발발하고 4일 만에 서울이 북한군에게 점령당하자 대한민국 정부는 부산을 임시 수도로 삼았습니다. 이후 1953년 휴전 협정이 맺어지기까지 부산은 일시

적으로 정치 활동의 중심지가 되었습니다.

전쟁으로 헐벗게 된 우리 강산

일제강점기와 6.25 전쟁을 연이어 겪으며 푸르렀던 산들은 땔나무 한 그루조차 남지 않은 채 온통 붉은 흙색으로 변했습니다. 헐벗은 산은 비가 내려도 스스로 물을 가둘 수 없어, 짧은 가뭄에도 하천과 계곡이 말랐고 적은 비에도 산사태와 홍수가 일어났습니다. 1960년대에 이르러 정부의 주도 아래 산림을 푸르게 가꾸기 위한 사업이 진행되면서 점차 숲이 우거질 수 있었습니다.

2. 쏙쏙! 키워드 지식 사전

만리포와 천리포

만리포는 충청남도 태안군에 위치한 포구입니다. 주변 해안의 길이가 만 리에 이를 만큼 길다고 하여 붙여진 이름입니다. 흰 모래가 특징인 만리포 해수욕장에서 북쪽으로 2킬로미터 떨어진 곳에는 천리포 해수욕장이 자리하고 있습니다. 이곳은 만리포 해수욕장이 큰 인기를 얻자 자연스레 천리포로 불리게 되었다고 합니다.

만리포 해수욕장 ⓒⓘⓞSungmin Yun, filckr

평양에 있는 수목원, 조선중앙식물원

1959년 평양 대성산에 설립되었습니다. 수목원뿐만 아니라 화초원, 약초원 등 다양한 식물원들로 구성되어 있습니다. 3000여 종의 식물들과 함께 희귀 식물인 미선나무, 금강초롱꽃, 금강국수나무 등을 재배하고 있습니다.

귀화 1호 미국인, 민병갈

본명이 '칼 페리스 밀러'인 민병갈은 한국인으로 귀화한 최초의 미국인입니다. 우리나라 국적법에 따르면 ①5년 이상 한국에 주소가 있어야 하고, ②만 20세 이상이어야 하고, ③품행이 단정하고, ④생계를 유지할 자산이 있어야 하며, ⑤6개월 이내에 본래의 국적을 상실해야 비로소 대한민국 국적을 얻을 수 있게 됩니다.

3. 천리포 수목원의 사계

천리포 수목원 전경(천리포 수목원)

아시아에서는 최초로, 세계에서는 열두 번째로 '세계의 아름다운 수목원'으로 지정된 천리포 수목원은 재배하는 식물만 1만여 종이 넘습니다. 다양한 식물들과 천리포의 바다 풍경이 어우러져 계절이 바뀔 때마다 특색 있는 아름다움을 감상할 수 있습니다.

완도호랑가시

완도호랑가시(천리포 수목원)

호랑가시나무와 감탕나무의 자연 교잡으로 생긴 품종입니다. 높이는 2~3미터 정도이며 가지가 많고, 잎은 뾰족한 끝과 둥근 아랫부분을 가지고 있습니다. 가을에 맺는 붉은 열매는 겨울철 실내 장식으로 많이 사용됩니다.

불칸(Vulcan)

불칸(천리포 수목원)

　500여 종의 목련이 자라는 천리포 수목원에서 가장 인기가 많은 목련입니다. 그리스 신화에 등장하는 불의 신 '불카누스'에서 유래된 이름에서 알 수 있듯이, 매년 봄이 되면 타오르는 불처럼 짙고 붉은 꽃을 피웁니다.

가을벚나무

가을벚나무(천리포 수목원)

　이상 기후나 돌연변이 등의 이유로 가을에 꽃이 피는 것이 아니라, 원래부터 가을에 피는 벚나무입니다. 꽃송이가 봄에 피는 일반 벚꽃보다 작고, 여러 겹으로 겹쳐 피기 때문에 일반 벚나무와는 또 다른 아름다움을 감상할 수 있습니다.

4. 한눈에 보는 민병갈의 발자취

1921년 4월 5일, 미국 펜실베이니아 주의 웨스트 피츠턴에서 태어났습니다.

1944년 미국 콜로라도 대학의 해군정보학교에 입학했습니다.

1946년 제2차 세계 대전이 종료된 후 연합군의 중위로 한국을 처음 방문했습니다.

1953년 한국은행에 취직해 본격적인 한국 생활을 시작했습니다.

1970년 충청남도 태안군에 천리포 수목원을 설립했습니다.

1978년 남해안 답사 여행 중 완도에서 '완도호랑가시'를 발견했습니다.

1979년 '민병갈'이라는 이름으로 한국에 귀화했습니다.

2000년 국제수목학회에서 천리포 수목원을 '세계의 아름다운 수목원'으로 선정했습니다.

2002년 대통령이 수여하는 금탑산업훈장을 수상했습니다.

2002년 4월 8일, 천리포 수목원에서 세상을 떠났습니다.

역사를 바꾼 인물들은 도전과 열정으로 역사를 바꾼 인물들의 일생을 만날 수 있는 시리즈로 아이들의 마음밭에 내일의 역사를 이끌어 갈 소중한 꿈을 심어 줍니다.

〈역사를 바꾼 인물들〉 시리즈, 더 읽어 보세요!

❶ **이순신**, 거북선으로 나라를 구하다 박지숙 | 학교도서관사서협의회 추천도서
❷ **김구**, 통일 조국을 소원하다 박지숙 | 학교도서관사서협의회 추천도서
❸ **루이 브라이**, 손끝으로 세상을 읽다 미술연필 | 학교도서관사서협의회 추천도서
❹ **세종 대왕**, 세계 최고의 문자를 발명하다 이은서 | 〈국어〉 교과서에 작품 수록
❺ **정약용**, 실학으로 500권의 책을 쓰다 박지숙 | 학교도서관사서협의회 추천도서
❻ **민병갈**, 파란 눈의 나무 할아버지 정영애 | 아침독서 추천도서
❼ **이회영**, 전 재산을 바쳐 독립군을 키우다 이지수 | 학교도서관사서협의회 추천도서
❽ **노먼 베쑨**, 병든 사회를 치료한 의사 이은서 | 학교도서관사서협의회 추천도서
❾ **장영실**, 신분을 뛰어넘은 천재 과학자 이지수 | 학교도서관사서협의회 추천도서
❿ **마틴 루서 킹**, 나에게는 꿈이 있습니다 이지수 | 아침독서 추천도서
⓫ **신사임당**, 예술을 사랑한 위대한 어머니 황혜진 | 학교도서관사서협의회 추천도서
⓬ **헬렌 켈러**, 사흘만 볼 수 있다면 황혜진 | 어린이철학교육연구소 선정도서

정영애 경북 상주에서 태어나 진주교육대학교에서 공부한 뒤 오랫동안 학교에서 아이들을 가르치다가 지금은 동화 쓰기에 전념하고 있습니다. 1987년 〈한국아동문학〉과 〈아동문예〉에 동화가 당선되어 작가로 활동하기 시작했으며, 한국아동문학상·아동문예작가상·가톨릭아동문학상 등을 받았습니다. 초등학교 〈국어〉 교과서에 동화 「우리는 한편이야」가 실렸으며, 지은 책으로 『숲을 구해 주세요!』, 『우리는 한편이야』, 『하늘에서 온 편지』, 『내게 너무 일찍 찾아온 사춘기』, 『고아원 아이들』, 『서울특별시 시골 동네』, 『산타 할아버지 사로잡기 작전』, 『민병갈, 파란 눈의 나무 할아버지』 등이 있습니다.

이수아 서울에서 태어나 대학교에서 디자인을 공부하고, 한국일러스트레이션 학교에서 그림을 공부했습니다. 그린 책으로는 『요술 항아리』, 『부자가 된 삼형제』, 『한옥, 몸과 마음을 살리는 집』, 『돌멩이 수프에 딱이지!』, 『세종 대왕, 한글로 겨레의 눈을 밝히다』, 『민병갈, 파란 눈의 나무 할아버지』 등이 있습니다.